Klaus W. Vopel

Sich mitteilen lernen

Lernstrategien & Experimente für Beratung, Training und Therapie

Teil 1

iskopress

Die Deutsche Bibliothek – CIP-Einheitsaufnahme

Vopel, Klaus W.:
Lernstrategien und Experimente für Beratung, Training und Therapie /
Klaus W. Vopel. – Salzhausen : iskopress.
ISBN 3-89403-450-5

Teil 1. Sich mitteilen lernen. – 1. Aufl. – 1994
ISBN 3-89403-451-3

1. Auflage 1994

Umschlag: Mathias Hütter, Schwäbisch Gmünd
Satz und Layout: E. Velina
Druck: Runge, Cloppenburg

Inhalt

Vorwort

Wenn eine Gruppe beginnt, dann sind alle Beteiligten mehr oder weniger unsicher. Die Gruppenmitglieder fragen sich, was sie vom Leiter und den übrigen Teilnehmern zu erwarten haben. Sie können noch nicht einschätzen, ob ihre mitgebrachten Probleme, Schwächen und Empfindlichkeiten akzeptiert werden. Oft haben die Teilnehmer auch nur ein undeutliches Bild von ihren Lernzielen und Veränderungswünschen. Klarheit besteht vor allem in dem Wunsch, in der Gruppe nicht verletzt zu werden. Im Gegenteil, die Teilnehmer erhoffen sich, daß ihr empfindliches Selbstbewußtsein auf wunderbare Weise gestärkt werden möge. Diese seelische Situation müssen wir als Gruppenleiter respektieren. Unsere Teilnehmer sollen spüren können, daß wir ihnen mit Wohlwollen und Optimismus begegnen. Wir müssen dafür sorgen, daß die Lernprozesse in unseren Gruppen erfolgreicher verlaufen, als die Teilnehmer das bisher in ihrem Leben gewohnt waren. Erfolgreicher, das heißt, daß die Neugier aller Beteiligten wieder lebhafter werden kann, daß die Bereitschaft wächst, neue Informationen über die eigene Person und über das Leben aufzunehmen, daß der Mut zunimmt, Veränderungen im eigenen Leben herbeizuführen. Vor allem ist es unsere Aufgabe, dafür zu sorgen, daß jedes Gruppenmitglied die beiden wichtigsten seelischen Grundbedürfnisse befriedigen kann, nämlich sich liebenswert und kompetent zu fühlen.

Und es ist gut, wenn wir uns daran erinnern, daß dies auch unsere eigenen Grundbedürfnisse sind. Wir wünschen uns auch als Gruppenleiter, von den Teilnehmern geschätzt oder gemocht zu werden. Wir wünschen uns, daß wir hinreichend tüchtig sind, um unseren Gruppenmitgliedern beim Lernen wirksam zu assistieren. Und wenn wir bemerken, daß unsere innere Verbindung zu den Gruppenmitgliedern schwach ist, und wenn wir daran zweifeln, ob wir die nötige Kompetenz haben, um zu helfen, dann reagieren wir irritiert. Solche eigenen Schwierigkeiten sind unvermeidbar. Wir können jedoch lernen, sie konstruktiv zu nutzen. Zum einen geben uns die eigenen Schwierigkeiten die Chance, die seelische Situation unserer Teilnehmer besser zu verstehen und uns solidarisch zu fühlen. Zum anderen sind sie ein ungemein wertvoller Hinweis dafür, daß wir selbst etwas ändern müssen: Unsere Vorgehensweise, unsere Intervention, die Art, wie wir Kontakt herstellen, vielleicht sogar unsere Einschätzung der Gruppenmitglieder. Wenn uns das gelingt, dann sind wir auch ein gutes Modell für unsere Teilnehmer, die im Grunde nicht darauf aus sind, einen Gruppenleiter zu erleben, der auf alles eine Antwort weiß und stets Herr der Lage ist. Viel eher wünschen sich unsere Teilnehmer ein Modell für erwachsenes Verhalten. Unsere Teilnehmer möchten, daß wir sie und ihre Lebenslage verstehen, daß wir sie durch Blockaden und aus Sackgassen herausführen und daß wir sie unterstützen, ihre eigenen Ziele besser zu erkennen und zu verwirklichen. Damit ist eine Haltung beschrieben, die die Eltern unserer Teilnehmer und unsere eigenen nur unzureichend eingenommen haben. Und wir werden uns gleich der Frage zuwenden, wo die Quellen der persönlichen Unsicherheit zu suchen sind und wie es dazu kommt, daß wir oft den Wunsch haben, uns zu verstecken, aufzutrumpfen oder eine Maske zu tragen.

1. Warum wir unsicher sind

Es ist schwer, ein guter Vater oder eine gute Mutter zu sein. Dazu gehört, daß wir selbstlos genug sind, um auf die vielen Bedürfnisse eines kleinen Kindes einzugehen: Zum rechten Zeitpunkt zu füttern, zum rechten Zeitpunkt zu trösten, genug Wärme zu geben, genug Einfühlungsvermögen aufzubringen usw., und das alles zu schenken, auch wenn unser eigenes „inneres Kind" akute Wünsche hat. Wer kümmert sich um unsere Gefühle und Empfindlichkeiten? Als Eltern versuchen wir sehr oft, die eigenen Bedürfnisse zurückzustellen und zunächst die Bedürfnisse unserer Kinder zu befriedigen. Und gleichwohl kommt es dazu, daß wir von Zeit zu Zeit die Geduld verlieren und unsere Kinder anschreien. Erschrocken bemerken wir, welchen seelischen Schock wir mit unseren wütenden Reaktionen auslösen. Wir bedauern unser Verhalten, weil wir wissen, wie schnell ein Kind verletzt ist. Und natürlich wünschen wir uns selbstbewußte und kompetente Kinder. Aber oft genug müssen wir feststellen, daß auch die eigenen Kinder jenes Schamgefühl entwickeln, unter dem wir selbst schon gelitten haben.

Scham entsteht aus jener traumatischen Diskrepanz zwischen der Hoffnung des Kindes, als liebenswert und kompetent betrachtet zu werden, und dem Verhalten des Erwachsenen, das dem Kind direkt oder indirekt mitteilt, daß es lästig, störend, unerwünscht sei. Und das erzeugt eine innere Verletzung. Das ist ein Schlag für den gesunden „Exhibitionismus“, mit dem das Kind seine Spontaneität zum Ausdruck bringt. Das Kind reagiert auf die Ablehnung durch Vater oder Mutter mit Rückzug. Es möchte sich verstecken, weil es spürt, daß in diesem Augenblick die emotionale Verbindung zu dem Elternteil abgebrochen ist. Wenn solche Verletzungen gelegentlich stattfinden, dann führt das vielleicht dazu, daß das Kind die innere Bindung an die Eltern schneller aufgibt und mehr danach strebt, sich selbst als Quell der eigenen Selbstachtung zu betrachten. Wenn das Kind zu früh und zu häufig gedemütigt wird, dann entsteht ein beschädigtes Selbstbild, permanente Unsicherheit und eine chronische Anfälligkeit für Scham.

Scham entsteht auch, wenn das Kind experimentiert und zarte und verletzliche Seiten der eigenen Person zeigt und dann von den Eltern mit Desinteresse, Verachtung oder Ablehnung behandelt wird. Scham entsteht nicht durch Strafen, sondern durch Zurückweisung und Verachtung. Wenn die Eltern wütend sind, dann zeigen sie dem Kind „heiße Gefühle“ und erzeugen damit Schuldgefühle. Scham ist demgegenüber ein „kaltes Gefühl“, das Empfinden, abgelehnt und zurückgewiesen zu werden. Eltern, die Schuldgefühle machen, sagen z.B.: „Warum hast du das gemacht? Warum hast du mir das angetan?“ Auf der anderen Seite sagen Eltern, die Schamgefühle hervorrufen: „Sei nicht so kindisch! Gib nicht so an! Laß mich in Frieden!“ und vermitteln damit, daß das Kind lästig oder inadäquat ist. Und sehr oft erzeugen Eltern genau für die Verhaltensaspekte Schamgefühle, die sie bei sich selbst nicht mögen. So gibt es eine hohe Wahrscheinlichkeit, daß ein Vater, der es sich nicht gestattet, die eigenen Gefühle frei und spontan auszudrücken, seine Tochter mißbilligend behandelt, wenn sie ihre Emotionen scheinbar unkontrolliert äußert. Entweder wird er die Stirn runzeln und sich abwenden oder etwas sagen wie: „Übertreib nicht so sehr, bleib mal auf dem Teppich.“

Und ein Vater, der sich für seine eigenen Abhängigkeitsbedürfnisse schämt, wird leicht den Sohn kritisieren: „Warum hängst du immer an Mutters Schürze?“ Und eine Mutter, die sich für ihre eigene Sexualität schämt, wird die Tochter kritisieren, wenn sie ihre sexuelle Persönlichkeit entwickelt: „Wie kannst du dich nur so bewegen, du solltest dich schämen!“ So kann es dazu kommen, daß Scham von der einen Generation zur anderen Generation „vererbt“ wird. Und die Kinder haben die Tendenz, die Dinge aufzugeben, die die Eltern irritieren, die sie verachten oder ablehnen.

Aber nicht nur offen gezeigte Verachtung erzeugt beim Kind Scham. Dasselbe passiert, wenn die Mutter traurig und unglücklich aussieht, wenn der zweijährige Sohn etwas kaputtmacht oder etwas „Gefährliches“ tut. Das Kind sucht dann den Fehler bei sich und beginnt, Dinge zu vermeiden, die die Mutter belasten.

Unsere Kinder suchen Bestätigung für ihr Selbstwertgefühl bei den Eltern. Wenn sie in den ersten Jahren genügend Selbstsicherheit entwickeln konnten, dann können sie später leichter Frustration, Zurückweisung, ja sogar Scham ertragen. Aber wenn sie zu früh zu wenig Bewunderung und Akzeptanz durch die Eltern erleben konnten, dann bleibt eine tiefe Unsicherheit in ihnen zurück. Ganz besonders wichtig für die Entwicklung des kindlichen Selbstwertgefühls ist die Reaktion der Eltern in den Situationen, wenn sich das Kind „produziert“. Das Kind hat den rührenden Wunsch, den Eltern von Zeit zu Zeit zu zeigen, was es schon kann, was es sich zutraut, was es gelernt hat. Wenn Vater oder Mutter diesen natürlichen Exhibitionismus des Kindes ignorieren oder verurteilen, dann ist das eine akute Verletzung des kindlichen Selbstwertgefühls. Denn das Kind hat von Zeit zu Zeit den wichtigen Wunsch, wirklich bewundert zu werden und empfinden zu können, daß die Eltern Anerkennnng und Stolz zum Ausdruck bringen.

Genauso wichtig sind die grandiosen Phantasien kleiner Kinder. Auf dem Wege zu realistischer Selbstachtung erleben die Kinder eine Phase, in der sie an die eigene Allmacht, an die eigene Vollkommenheit, an ihre Berechtigung auf absolute Akzeptanz glauben. Sie benötigen zunächst die vollständige Wertschätzung durch die Eltern, um das Gefühl entwickeln zu können, liebenswert und einzigartig zu sein. Jedes Kind muß genügend lange in dem Glauben an die eigene Vollkommenheit bestärkt worden sein, damit es später die natürliche Unvollkommenheit jedes Menschen ertragen und damit leben kann. Wenn dieser Hunger nach Anerkennung und Bewunderung nicht befriedigt wird, dann entwickelt das Kind Zweifel, ob es wirklich wertvoll und einzigartig ist, und vielleicht haßt es sich selbst, weil es diesen Wunsch ausgedrückt hat. Und später bleibt vielleicht ein ständiges Bedürfnis zurück, diese Bewunderung von anderen Erwachsenen erfahren zu müssen.

Aber Kinder benötigen nicht nur die Bereitschaft der Eltern zur Einfühlung. Die zweite wichtige Quelle für den Selbstrespekt des Kindes ist die Möglichkeit, sich mit den Eltern identifizieren zu können. Wenn sich das Kind gefühlsmäßig mit den Eltern verbunden fühlt, dann erlebt es die Stärke der Eltern als die eigene Stärke, und das ist ein guter Schutz gegen das Empfinden von Schwäche und Inkompetenz. Kleine Kinder identifizieren sich automatisch mit den Eltern, aber die Eltern müssen diesen ungeheuren Respekt des Kindes auch verdienen und den Kindern gestatten, zu ihnen aufzusehen. Sie müssen es zulassen, daß das Kind sie idealisiert und in der Phantasie mit ihnen verschmilzt. Das bedeutet konkret, daß Vater und Mutter dem kleinen Kind gestatten, in der Nähe zu sein und zuzuschauen; daß sie ihnen erlauben, sich mit den Kleidungsstücken der Eltern zu kostümieren; daß sie zulassen, daß die Kinder mitmachen, wenn ein Elternteil näht oder die Wände tapeziert. Denn all das sind Schritte des Kindes, die Indentifikation mit den Eltern zu erleben und sich dadurch sicherer zu fühlen. Normalerweise können die Kinder, wenn sie größer werden, die Identifikation mit den Eltern und deren Idealisierung aufgeben, weil sie genug Selbstvertrauen entwickelt haben. Schwierig wird es für das Kind, wenn die Identifikationsmöglichkeit mit den Eltern plötzlich unterbrochen wird. Das ist der Fall, wenn die Eltern das Kind wegstoßen („Du störst mich!") oder wenn das Kind schwerwiegende Fehler an den Eltern entdecken muß. Wenn ein kleiner Junge z.B. erleben muß, daß sein großer, starker Vater, den er liebt und verehrt, betrunken nach Hause kommt, herumstolpert und die Familie beschimpft, dann ist das eine traumatische Erschütterung der Identifikationsmöglichkeit. Und wenn ein kleines Mädchen mitbekommt, wie sich ihre Mutter von dem Partner kleinmachen und herabsetzen läßt, dann erlebt dieses Mädchen die Schwäche der Mutter als ihre eigene: „Meine Mutter muß sich die Gemeinheiten der Männer gefallen lassen, und mir wird es genauso gehen." Natürlich schwören sich viele Kinder, daß es ihnen nicht so gehen soll wie den Eltern, und das kann ihnen auch gelingen. Aber das Schamgefühl darunter bleibt.

Manche Eltern erzeugen Schamgefühle in den Kindern, um das Verhalten der Kinder zu kontrollieren. Das ist ebenso gemein wie wirksam und gefährlich. Denn das Kind lernt auf diese Weise, seine Verantwortlichkeit zu verleugnen oder aber das eigene Bedürfnis, die Eltern zu respektieren. „Du bist mir egal!" ist in der Regel der letzte Ausweg des Kindes, um das

Gefühl der eigenen Würde und Selbstachtung zu retten.

Leider gibt es auch immer wieder Eltern, die es genießen, ihre Kinder zu demütigen. Das sind oft Eltern mit pathologischem Narzismus, die die eigenen Kinder überschätzen und darum mit ihnen rivalisieren. Diese Eltern demütigen ihre Kinder immer dann, wenn sie es ablehnen, die Rolle des gläubigen und verehrenden Kindes zu spielen. Manche Väter demütigen ihre Kinder, weil sie eifersüchtig sind auf die gute innere Beziehung der Kinder zur Mutter. Sie rächen sich für die Spannungen in der Beziehung an dem schwächsten Glied der Familie. Es liegt auf der Hand, daß die Kinder diese wiederkehrenden Demütigungen mit einem Verlust an existentieller Sicherheit bezahlen. Sie entwickeln Mißtrauen und das tiefsitzende Gefühl, anderen nicht vertrauen zu können.

Scham lernen wir als kleine Kinder. Und je stärker das Empfinden unserer Unzulänglichkeit ist, desto schwieriger wird es für uns, daß wir Freunde gewinnen, daß wir gute Liebesbeziehungen entwickeln, daß wir unsere wirklichen Stärken und Schwächen kennen, daß wir realistisch einschätzen können, wann wir offen sein dürfen und wann es besser ist, wenig von uns zu zeigen. Das Kind, das zu früh „beschämt" wurde, muß alle diese schwierigen Dinge lernen mit dem Handicap seiner Überempfindlichkeit. Und das ist eine schwierige Aufgabe.

2. Wie wir sicherer werden können

Bevor wir ein höheres Maß an Selbstsicherheit gewinnen können, müssen wir lernen anzuerkennen, daß wir unsicher sind. Wenn wir unsere Unsicherheit ignorieren oder so tun, als gäbe es sie nicht, dann entwickeln wir im besten Falle eine Fassade der Selbstsicherheit. Wirkliche Selbstachtung erfordert mehr als „positives Denken", nämlich die Bereitschaft, einiges anders zu machen. Wir müssen lernen, daß aufrichtige Beziehungen nur dann möglich sind, wenn wir anderen Einblick geben in unsere innere Welt und darauf verzichten, ihnen etwas vorzuspielen, was wir nicht sind. Wir können uns nur verändern, wenn wir bereit sind, nach innen zu schauen und uns mitzuteilen. Wenn wir lernen, unsere verborgenen Wünsche und Befürchtungen zu verstehen, dann kann sich unsere Erlebnisfähigkeit vertiefen: Wir fühlen mehr, wir denken mehr, wir riskieren mehr. Wenn wir uns selbst besser verstehen, dann kommen wir in Bewegung. Aber um uns selbst besser zu verstehen, brauchen wir den Mut, neue Wege zu gehen. Besonders wichtig ist es, daß wir Schritt für Schritt in der Lage sind, unsere eigene Unsicherheit zu akzeptieren und die zugrunde liegende Scham. Und das erfordert drei Dinge.

Zunächst ist es wichtig, daß wir verstehen, welche Rolle die Scham in unserem Leben spielt, die dazu führt, daß wir uns verschließen oder Kritik und Zurückweisung nicht ertragen können.

Zweitens müssen wir unsere vielen Vermeidungsstrategien verstehen lernen. Wir müssen verstehen, wie wir Sicherheit zu gewinnen versuchen und welchen Preis wir dafür zahlen.

Schließlich müssen wir herausfinden, was wir besonders fürchten und was unserer Scham zugrunde liegt. Wir haben weiter oben festgestellt, daß Scham dann entsteht, wenn der Wunsch des Kindes frustriert wird, sich frei auszudrücken und sich akzeptiert zu fühlen. Und je wichtiger der Mensch ist, vor dem wir empfindliche Seiten unserer Person zeigen, desto schmerzlicher ist es für uns, wenn dieser Mensch sich abwendet oder uns kritisiert. Als Erwachsene müsen wir herausfinden, wo unsere spezifische Verletzlichkeit liegt. Wir können das ergründen, indem wir darauf achten, was wir vermeiden, wen wir vermeiden, in welchen Situationen wir etwas vermeiden, indem wir feststellen, worüber wir nicht sprechen wollen, was andere nicht sagen dürfen.

Wir schämen uns vielleicht für unser Aussehen, wir glauben vielleicht, daß wir nicht intelligent genug sind, und wir haben einige Dinge getan, auf die wir absolut nicht stolz sind. Wir fühlen uns unsicher, denn im geheimen glauben wir, daß gutes Aussehen dazu beitragen würde, daß wir für andere anziehend sind. Wir beklagen unseren Mangel an geistiger Kraft und Wendigkeit, weil wir im geheimen glauben, daß Intelligenz hilft, die Welt zu erobern. Scham entsteht aus der schmerzlichen Diskrepanz zwischen der Art und Weise, wie wir gern in den Augen der für uns wichtigen Menschen erscheinen möchten, und jenen Qualitäten, die wir glauben, bei uns festzustellen.

Die meisten Menschen, die unsicher sind, bemerken ihre Verletzlichkeit auf die Reaktionen anderer. Sie wissen, daß sie die Aufmerksamkeit anderer wünschen, und sie kennen das schreckliche Gefühl der Enttäuschung, wenn sie kritisiert oder zurückgewiesen werden. Und gleichzeitig versuchen sie, die Lösung dieses Dilemmas in sich selbst zu finden. Sie möchten sich aus sich selbst heraus stark und schön, attraktiv und unabhängig machen. Aber das ist nicht möglich. Das Empfinden der eigenen Identität entwickelt sich durch Interaktion. Und in gleicher Weise können wir ein schwaches Selbstwertgefühl nur durch Interaktion stärken, nicht jedoch im stillen Kämmerlein.

Wer in seiner Kindheit den schmerzlichen Entschluß gefaßt hat, nicht zuviel von sich zu zeigen, der kann in einer Gruppe nur Schritt für Schritt ausprobieren, mehr und mehr von seinem wirklichen Selbst mitzuteilen: Er oder sie kann seine Gefühle aufrichtig mitteilen, eigene Wünsche anmelden, eigene Gedanken ausdrücken, vergnügt oder ägerlich sein. Für unsichere Menschen sind das Experimente, die langsam ausprobiert werden müssen mit Interaktionspartnern, die verständnisvoll sind. Und gleichzeitig müssen wir wissen, was dabei passieren kann, wenn wir uns offener darstellen: Einige reagieren auf uns mit Zustimmung, andere zeigen uns die kalte Schulter oder ihren Ärger.

Und auch in einer Gruppe müssen wir uns darauf einstellen, daß ungewohntes Verhalten auch zu einigen Unannehmlichkeiten und Schmerzen führen kann. Enge Verhaltensmuster zu durchbrechen ist zwar befreiend, aber auch risikoreich. Aber in jedem Falle gilt: Wenn wir uns verändern wollen, dann benötigen wir Selbsterkenntnis genauso wie ein gewisses Probehandeln. Und wenn wir verstehen, was uns zurückhält, dann können wir leichter entscheiden, was wir wirklich tun wollen. Entscheidend ist es, daß wir die Bereitschaft entwickeln, schmerzliche Gefühle zu ertragen und unseren Einschränkungen und Schwächen ins Gesicht zu sehen. Dann kehrt die Spontaneität des Kindes auch zurück, die es uns möglich macht, Risiken einzugehen und Dinge einfach auszuprobieren. Dann sind wir fähig, aus unseren Fehlern zu lernen.

Wenn wir uns verändern wollen, dann geschieht in der Regel folgendes:

1. Wir probieren etwas Neues aus.
2. Unsere Interaktionspartner reagieren auf unser neues Verhalten.
3. Wir entscheiden, ob wir unser neues Verhalten beibehalten wollen oder ob wir feststellen müssen, daß wir zu weit oder in die falsche Richtung gegangen sind. Und natürlich werden nicht alle Leute begeistert reagieren, besonders dann, wenn wir unsere eigenen Rechte dabei stärker betonen. Außerdem ist es ja so, daß neues Verhalten unsererseits auch auf

der Seite unserer Interaktionspartner neue Reaktionsweisen erforderlich macht. Und die Kritik anderer kann natürlich dazu führen, daß wir plötzlich erschrecken und daß wir uns entweder zurückziehen oder aber zum Gegenangriff ansetzen. Wir können nicht von uns verlangen, daß wir sofort neue Verhaltensweisen etablieren, die für uns selbst und andere gleicherweise erfolgreich sind. Aber wir haben in jedem Falle einen wichtigen Gewinn: Wir handeln mehr in Übereinstimmung mit unserem wirklichen Selbst, und wir berühren die Existenz anderer und lassen uns von ihren Reaktionen ebenfalls innerlich berühren. Wir sind einfach echter, lebendiger, realer. Und wir haben eine gewisse Chance, daß es immer genügend Menschen gibt, die uns auch dann schätzen. Und vor allem können wir uns selbst stärker achten.

Es ist allerdings gar nicht so leicht herauszufinden, was unser echtes Selbst möchte. Meist haben wir uns in unseren Handlungsmustern sicher eingerichtet und betonen dabei ganz spezifische Seiten unserer Person. Wir sind Arbeitstiere, wunderbare Mütter, treue Kinder usw. Wir spielen eine bestimmte Rolle mit Bravour, weil uns das Sicherheit und Selbstrespekt zu geben scheint. Aber auf diese Weise können wir unser Ziel, innere Sicherheit, nicht erreichen. Denn die Zustimmung anderer zu der von uns gewählten Rolle reicht nicht aus, damit wir uns wirklich gut fühlen können. Wir fühlen uns nur dann gut, wenn wir Dinge tun, die ein kreativer Ausdruck unseres wirklichen Selbst sind. Und wir können unsere alten Schamgefühle nur dann verringern, wenn wir unsere auf sozialen Beifall hin angelegten Handlungsweisen aufgeben und statt dessen fühlen und denken, sagen und tun, was von innen kommt. Dabei kann es uns helfen, wenn wir unterscheiden zwischen unserem wirklichen Selbst und unseren Handlungen. Wir **sind** immer mehr, als wir in der einen oder anderen Situation tun. Und wer uns wirklich liebt, der bezieht sich eher auf unser wirkliches Selbst und ist bereit, sich von uns auch überraschen zu lassen. Wirkliche Liebe und Zuneigung akzeptiert die ganze Person, und nicht nur die soziale Fassade. Auf dem Wege zu fundiertem Selbstrespekt können wir dann Frieden machen mit der Person, die wir sind, mit all unseren Stärken und Schwächen, Talenten und Grenzen, Vorlieben und Abneigungen. Und das, was wir an uns selbst nicht mögen, was wir als unsere Schwächen betrachten, ist sehr oft die Quelle unserer Schamgefühle. Wir können aber versuchen, auch unsere Schattenseiten als

Bestandteil unserer Persönlichkeit zu betrachten, die zu uns gehören wie unser Name.

Die Antithese zu Schüchternheit und Hemmungen ist etwas, was ich hier als „Natürlichkeit“ bezeichnen will. „Natürlich“ und frei verhalten wir uns, wenn wir tun, was wir möchten, und sagen, was wir denken. Wir konzentrieren uns dann mehr darauf, uns auszudrücken, als auf die Reaktionen anderer. Wir wollen dann nicht mehr für andere interessant sein, sondern wir sind daran interessiert, in der Welt zu handeln. Wenn uns das gelingt, dann spüren wir die zunehmende Stärke. Unsere alte Vorsicht und Gefangenheit verliert ihre lähmende Kraft. Und es kann uns helfen, wenn wir uns klarmachen, daß die Zeit vergeht und daß wir jetzt leben. Wir haben einfach keine Zeit zu verlieren. Es hat keinen Sinn, daß wir uns für irgendwann ein schöneres Leben wünschen. Wir können im Augenblick bemerken, was uns fehlt, was uns langweilt, was uns lähmt. Und wir können Entscheidungen treffen, Freunde finden, spielen und uns in einer sinnvollen Arbeit ausdrücken. Und wir werden dann auch weniger geneigt sein, andere herabzusetzen und zu kritisieren. Denn in der Regel sind Kritik, Vorwürfe und Beckmesserei Manöver, bei denen wir unseren Zweifel an uns selbst nach außen projizieren. Und wenn wir uns daran gewöhnen, andere so zu akzeptieren, wie sie sind, dann werden auch wir selbst mehr spontane Zustimmung erhalten. Das wiederum erleichtert es uns, unser Selbst zu akzeptieren.

3. Einige praktische Empfehlungen

Sie finden in diesem Band 40 anregende Experimente, die Ihren Teilnehmern helfen können, die eigenen Unsicherheit besser zu akzeptieren und sie umzuwandeln in „kindliche“ Neugier, um

- herauszufinden, wer sie sind,
- sich selbst mehr zu vertrauen,
- ihre Gefühle „flüssiger“ zu machen und Streß aufzulösen,
- Informationen vom Unbewußten aufzunehmen,
- neue Antworten auf alte Rätsel zu finden,
- aus der Vergangenheit zu lernen,
- mit anderen offen zu kommunizieren,

- alte Verletzungen zu heilen,
- bewußt und in der Gegenwart zu leben,
- die persönliche Zukunft durch bewußte Entscheidungen zu gestalten,
- die Interaktionspartner im Alltag besser zu verstehen,
- und vor allem, mehr Lebensfreude zu empfinden.

Wählen Sie solche Experimente aus, die Ihrer Einschätzung nach zu den Teilnehmern und ihren Interessen passen.

Ermutigen Sie die Teilnehmer nach und nach zu bemerken, was sie tun und was sie nicht tun, und dabei die begleitenden inneren Empfindungen und Gedanken wahrzunehmen.

Geben Sie zu erkennen, daß es normal ist, daß wir unser Verhalten beurteilen, mit dem anderer vergleichen und daß wir manchmal bestimmte Resultate erzielen möchten. Verknüpfen Sie die Anerkennung dieser Tatsache mit der ebenso interessanten Frage: Was würde passieren, wenn ich mein Verhalten nicht sofort, sondern zehn oder zwanzig Minuten später bewerten würde? Wäre das nicht auch ein interessantes Experiment?

Betonen Sie den experimentellen Charakter aller dieser Aktivitäten und unterstreichen Sie dabei, daß jeder sehr persönliche Erfahrungen dabei machen wird.

Unterstreichen Sie überhaupt die Einmaligkeit jedes Teilnehmers und betonen Sie, daß gerade dieser Umstand die Arbeit des Gruppenleiters überraschend und vielseitig macht. Sie selbst lernen bei jedem Experiment, selbst wenn Sie es schon mehrfach erprobt haben, auch immer wieder etwas Neues. Ermutigen Sie freie und offene Kommunikation, indem Sie immer wieder selbst ein Beispiel geben und an passenden Stellen eigene Erlebnisse, Empfindungen und Gedanken mitteilen.

Nach einiger Zeit können Sie die Teilnehmer verstärkt dazu auffordern, auch die Hintergründe des eigenen Verhaltens zu untersuchen, Muster zu entdecken und zugrunde liegende alte Erfahrungen zu berücksichtigen.

Ermutigen Sie die Teilnehmer von Zeit zu Zeit, in der Gruppe mit neuem Verhalten zu experimentieren und in gleicher Weise außerhalb der Gruppe. Betonen Sie die Möglichkeit, jederzeit auch zu alten Verhaltensweisen zurückzukehren, wenn diese aus irgendeinem Grunde besser passen. Da es unvermeidlich und in einem gewissen Ausmaß auch wünschenswert ist, daß immer wieder auch Angst empfunden wird, ist es wichtig, daß Sie die Intensität der Ängste begrenzen: indem Sie eine offene und soweit es geht vorurteilsfreie Haltung einnehmen; indem Sie das Recht jedes Teilnehmers betonen, selbst zu entscheiden, ob und auf welche Weise er sich an einem Experiment beteiligen möchte; indem Sie von einer ausführlichen Erörterung aktueller Probleme einzelner Teilnehmer Abstand nehmen.

Sie können die persönliche Beziehung zu den Teilnehmern dadurch stärken, indem Sie jeden am Ende einer Sitzung dazu auffordern, Ihnen einen Brief zu schreiben, den Sie zu Beginn der nächsten Sitzung an sich nehmen. Darin können auch Dinge mitgeteilt werden, die vielleicht in der Gruppensitzung noch nicht angebracht sind. Sie behandeln diese Briefe vertraulich. Sie haben dann eine gute Möglichkeit, die Entwicklung jedes einzelnen in der Gruppe genau zu verfolgen.

Von Zeit zu Zeit ist es auch angebracht, daß Sie selbst an einem Experiment teilnehmen, um so Ihre Solidarität und Experimentierlust zu unterstreichen.

Und ich möchte schließen mit einem Wort von George Bernard Shaw: „Du hast etwas gelernt. Und zuerst hast Du immer das Gefühl, als ob Du etwas verloren hättest.“

Klaus W. Vopel

Experiment 1

Lieblingsbeschäftigung

Ziele

Dies ist eine schöne Möglichkeit, die Teilnehmer miteinander ins Gespräch zu bringen. Im Mittelpunkt stehen die Dinge, die jeder als Kind besonders gern getan hat. Auf diese Weise werden wichtige und konstruktive Erinnerungen aktiviert, denn für viele von uns ist es hilfreich, an diese alten Interessen und Talente wieder anzuknüpfen, gerade wenn sie auf dem bisherigen Lebensweg scheinbar verlorengegangen sind.

Gleichzeitig können weitere, wichtige Informationen zutage gefördert werden über das Lebensgefühl der Kindheit, die Situation in der Familie, Erwartungen und Werthaltungen der Eltern. Lange vergessene Gefühle und Erinnerungen können auftauchen.

Anleitung

Ich möchte euch vorschlagen, in eurer Erinnerung in die erste Dekade eures Lebens zurückzugehen. Wir alle wissen, daß unsere Kinderzeit eine bunte Mischung war von Wünschen und Enttäuschungen, von Erfolgen und Niederlagen, von Neugier und Vergnügen, von Einsamkeit und Angst. Wir ahnten, daß wir so viel zu lernen hatten, und manchmal haben wir ältere Kinder oder die Erwachsenen beneidet, weil sie so viel weiter und fertiger waren als wir selbst. Und jeder von uns hat seine Kindheit anders erlebt. Wir haben früh staunend und manchmal etwas unbehaglich bemerkt, daß es niemanden auf der Welt gibt, der so ist wie wir selbst. Vielleicht haben wir uns langsam mit der Tatsache angefreundet, daß wir einzigartig sind und daß jeder von uns ein Original ist. Und unsere persönliche Eigenart drückte sich auch in den Dingen aus, die wir in unserer Kindheit am liebsten taten, in Spielen, die wir am liebsten spielten, und in Beschäftigungen, bei denen wir uns wach und interessiert fühlten. Ich möchte, daß ihr euch diese Dinge wieder einfallen laßt, die ihr in eurer

Kinderzeit besonders gern getan habt. Vielleicht war das noch vor der Schulzeit, vielleicht war das in den ersten Grundschuljahren. Vielleicht waren das Dinge, die ihr allein getan habt, oder es waren Dinge, an denen andere beteiligt waren. Und es kann sein, daß die Erwachsenen Verständnis für diese Dinge gezeigt haben oder daß sie eure Vorlieben ignoriert oder sogar mißbilligt haben. Laßt euch ein paar Minuten Zeit, um Bilder, Erinnerungen, Gefühle wieder aufsteigen zu lassen, die ihr damals hattet, als ihr das machtet, was euch so sehr gefiel...

Wenn es keine so klaren Erinnerungen an Lieblingstätigkeiten gibt, dann könnt ihr euch die verschiedenen Dinge einfallen lassen, die ihr dann vielleicht eine Zeitlang gemacht habt, um sie wieder aufzugeben und etwas anderes zu probieren. Vielleicht fällt euch ein ganzer Blumenstrauß von Aktivitäten ein, die euch zumindest kurzzeitig fasziniert haben, um dann wieder durch Neues ersetzt zu werden. Und vielleicht erinnert ihr euch auch daran, wie sich das damals anfühlte, mit diesen verschiedenen Interessen zu leben.

(Lassen Sie die Teilnehmer in einem Rundgang berichten.)

Experiment 2

Drei Adjektive

Ziele

Dieses Experiment regt die Teilnehmer an, über sich selbst nachzudenken, über die eigene Persönlichkeit, und diese Gedanken mit den übrigen Gruppenmitgliedern zu teilen. Außerdem gibt es Gelegenheit, eigene Eindrücke über die anderen mitzuteilen und diesen wichtigen Aspekt der Gruppenkultur einzuüben, nämlich Feedback zu geben.

Sie benötigen für jeden Teilnehmer Papier und Bleistift.

Anleitung

Ich möchte euch zu einem kleinen Ratespiel einladen. Dabei könnt ihr die Eindrücke, die ihr voneinander gewonnen habt, vergleichen mit dem Bild, das jeder von sich selbst hat.

Nehmt ein Blatt Papier und notiert drei Adjektive, die euch selbst charakterisieren. Laßt euch dafür eine Minute Zeit und schreibt nur solche Dinge auf, die euch ohne langes Nachdenken einfallen... (1 Min.)

Ich werde jetzt eure Papiere einsammeln, irgendeins aus dem Stapel herausgreifen und die drei Adjektive vorlesen. Wir können dann gemeinsam darüber spekulieren, was das wohl für ein Mensch ist, der sich mit diesen drei Adjektiven beschreibt, welche Stärken und Schwächen er vielleicht hat, welche Art Leben er führt, was er im Leben schon gelernt hat, was er noch lernen muß usw. Natürlich ist es auch immer interessant herauszufinden, von wem diese drei Adjektive sind. Das können wir am Anfang noch offen lassen.

(Gehen Sie gemeinsam mit der Gruppe die Papiere durch mit dem Ziel, die damit verbundene Person intuitiv zu verstehen. In einer zweiten Runde, können die Gruppenmitglieder sich zu erkennen geben, und dann ist Gelegenheit, die Eindrücke der Anderen mit dem Selbstbild zu vergleichen. Stellen Sie sicher, daß jeder Rückmeldung bekommen kann.)

Experiment 3

Geheimnisse

Ziele

Dies ist ein schönes Experiment, das uns helfen kann, die inneren Spuren von Scham, Zurückweisung und Verachtung abzuschwächen, die wir alle in uns haben, das uns helfen kann, uns kompetenter und wertvoller zu fühlen.

Anleitung

Jeder von uns hat vermutlich seine Geheimnisse, die er sorgsam vor anderen hütet. Manchmal ist das zweckmäßig, manchmal kann es uns auch daran hindern, anderen näher zu kommen. Es gibt Geheimnisse, die sich wie eine schwere Bürde anfühlen und die zu hüten uns viel Kraft kostet. Ich möchte euch gleich zu einem Experiment einladen, das dazu beitragen kann, daß sich jeder etwas wertvoller und freier fühlen kann. Setzt euch bequem hin und laßt euch irgend etwas einfallen, was ihr nur schwer oder unter normalen Umständen nie anderen mitteilen würdet, irgendein Ereignis, das in euch Empfindungen von Scham, Verwirrung oder vielleicht sogar Ekel hervorgerufen hat... (2 Min.)

Sprecht bitte nicht, sondern sitzt schweigend da und stellt euch vor, wie die anderen in der Gruppe reagieren würden, wenn ihr dieses Geheimnis enthüllen würdet. Stellt euch den Gesichtsausdruck der anderen vor, ihre Gedanken und ihre Kommentare. Laßt euch Zeit für den gesamten Vorgang, was ihr in eurem Körper fühlt, ehe ihr den Mund aufmacht, was ihr spürt, wenn ihr über euer Geheimnis sprecht, was ihr empfindet, nachdem die Worte heraus sind, und wie sich euer Empfinden weiter entwickelt, wenn nach und nach die anderen auf euch reagieren. Vielleicht erlebt ihr in der Phantasie auch ganz gemischte Reaktionen in der Gruppe, einige, die euch verstehen, und andere, die euch nicht verstehen. Laßt euch Zeit, das alles in der Phantasie durchzuspielen, und geht davon aus, daß nachher, wenn wir über dieses Gedankenexperiment sprechen, die Geheimnisse selbst nicht mitgeteilt werden müssen... (2–3 Min.)

(Konzentrieren Sie sich auf die Auswirkungen dieses Experimentes, auf den Prozeß der Enthüllung, und lassen Sie die Geheimnisse selbst im verborgenen, es ei denn, ein Teilnehmer hat den dringenden Wunsch, über sein Geheimnis zu sprechen. Es ist vollständig ausreichend, wenn sich die Gruppendiskussion auf Aspekte des Vertrauens, der Toleranz, des Verständnisses untereinander konzentriert.)

Namen

Ziele

Der Name ist ein wichtiges Symbol unserer Persönlichkeit, und manchmal folgen wir den „Vorschlägen", die in Vor- und Nachnamen enthalten sind.

In jedem Fall sind die Namen der Teilnehmer eine vorzügliche Möglichkeit, sie miteinander ins Gespräch zu bringen.

Sie benötigen Papier und Wachsmalstifte.

Anleitung

Ich möchte euch vorschlagen, daß wir unsere Aufmerksamkeit auf Teile unserer Person richten, die wir oft genauso vernachlässigen wie unseren Rücken oder unsere Füße, weil wir sie einfach für selbstverständlich halten und sie nur „technisch" benutzen. Ich meine unsere Namen. Dabei sind Namen so wichtig. Ohne unsere Unterschrift ist der Reisepaß ebenso ungültig wie der Führerschein, und wenn wir einen Vertrag schließen, müssen wir ebenfalls unseren Namen daruntersetzen. Und wenn wir mit anderen in Kontakt kommen wollen, dann müssen wir ihren Namen wissen und benutzen. Nehmt ein Blatt Papier und spielt ein wenig mit beiden Namen, mit dem Vornamen und dem Nachnamen. Benutzt die Ölkreide und schreibt die Namen auf verschiedene Weise, ganz klein, ganz groß, benutzt Druckbuchstaben und Schreibschrift, findet heraus, welche Farbe besonders gut zu eurem Vornamen paßt, welche zu eurem Nachnamen. Schreibt auch die Abwandlungen eures Namens auf, die benutzt wurden oder benutzt werden, oder gegebenenfalls andere Namen, mit denen ihr angesprochen werdet. Und zwischendurch könnt ihr immer wieder mit eurer Unterschrift experimentieren und sie in verschiedenen Farben auf das Papier setzen... (3 – 5 Min.)

Lassen Sie die Teilnehmer zunächst über ihre Erfahrungen beim Schreiben des Namens berichten, und geben Sie der Diskussion dann einen etwas breiteren Rahmen, indem Sie einige der folgenden Fragen benutzen:

1. Was bedeutet dein Name für dich? Wozu fordert er dich auf?
2. Was drückt deine Art zu unterschreiben über dich aus?
3. Was hatten deine Eltern im Sinn, als sie deinen Vornamen aussuchten? Wessen Idee war das? Inwieweit hast du die mit dem Namen verbundene Erwartungen der Eltern erfüllt?
4. Wie fühlst du dich, wenn du mit deinem Namen unterschreibst, auf einem Brief, auf einem Scheck, auf einem Dokument?
5. Hast du deinen Namen geändert? Wie war dein Name vorher? Was bedeutet dieser Wechsel für dich? Wenn du deinen Namen ändern könntest, gäbe es dann einen Namen, den du lieber hättest?
6. Hast du einen Spitz- oder Kosenamen? Wer gab ihn dir? Magst du ihn? Wie fühlst du dich, wenn du damit angesprochen wirst?
7. Gibt es irgend etwas Unangenehmes, was mit deinem Namen oder deinen Initialen verbunden ist?
8. Wie gut kannst du dir die Namen anderer merken?
9. Wessen Namen in der Gruppe vergißt du leicht?

Geschwisterkonstellation

Ziele

Wir benutzen hier die in der Gruppe vorkommenden Geschwisterkonstellationen, um die Teilnehmer miteinander ins Gespräch zu bringen. Wir beginnen in Subgruppen, um die Teilnehmer derselben Familienkonstellation miteinander zu vereinigen. Das kann Gefühle der Solidarität mobilisieren und zum anderen den Blick schärfen für ganz unterschiedliche Entwicklungen, die Menschen mit ähnlichen Ausgangsvoraussetzungen genommen haben.

Anleitung

Wahrscheinlich hat der eine oder andere von euch schon öfter darüber nachgedacht, welche Bedeutung der eigene Platz in der Familienkonstellation für ihn gehabt hat oder immer noch hat. Und vielleicht habt ihr auch schon darüber spekuliert, wer in dieser Gruppe wohl als Einzelkind aufgewachsen ist, wer ein ältestes Kind war oder ein jüngstes, wer mit Brüdern und Schwestern aufgewachsen ist oder wer Geschwister desselben Geschlechts hatte. Das sind alles interessante Fragen. Wir können diesen Aspekten unserer Lebensgeschichte gleich unsere Aufmerksamkeit geben, und zwar auf folgende Weise. Ich möchte, daß ihr euch in den vier Ecken des Raumes immer mit den Gruppenmitgliedern zusammenfindet, deren Platz in der Familienkonstellation ähnlich oder identisch mit dem eigenen ist. In der einen Ecke versammeln sich all die Einzelkinder, in der nächsten Ecke all die mittleren Kinder, in der dritten Ecke all die ältesten Kinder und in der vierten Ecke all die jüngsten Kinder. Unterhaltet euch eine Viertelstunde darüber, welche Konsequenzen diese Position in der Familie für euch hatte, welche Vorteile und welche Herausforderungen sich daraus ergaben. Wie haben die damit verbundenen Erfahrungen euer Leben beeinflußt bzw. eure Beziehungen heute, eure Verhaltensweisen, eure Wertvorstellungen?

Nachher können die Gruppen einander berichten, was ihnen aufgefallen ist. Und wir können auch darüber sprechen, wie diese Dinge euer Verhalten und Empfinden in dieser Gruppe beeinflussen.

Familienfotos

Ziele

Fordern Sie die Teilnehmer vor der betreffenden Sitzung auf, ein oder zwei Fotos aus ihrer Kindheit mitzubringen, die den betreffenden Teilnehmer und ein oder mehrere wichtige Mitglieder der Ursprungsfamilie zeigen.

Fotos bieten schönes Material, um über das emotionale Klima und über die wichtigsten Beziehungen in der Kindheitsfamilie zu sprechen. Frühe Erinnerungen können wiederbelebt und bisher unbewußt empfundene Aspekte des Familienlebens in neuem Licht gesehen werden.

Anleitung

Wenn wir Bilder zu verschiedenen Zeitpunkten betrachten, dann können wir oft darauf etwas Neues entdecken, das wir zuvor so nicht beachtet hatten. So kann es uns gehen, wenn wir zum wiederholten Male Gemälde betrachten, die uns faszinieren, und so kann es uns auch gehen, wenn wir uns alte Familienfotos anschauen, die wir seit langem kennen. Und ich möchte vorschlagen, daß ihr zunächst die mitgebrachten Bilder im Kreis herumgebt, um sie zu betrachten. Laßt euch Zeit dabei. Achtet dabei z.B. darauf, wie dicht die gezeigten Personen zusammenstehen, welchen Gesichtsausdruck sie haben, wer bei wem steht, wer auf dem Bild fehlt usw. Und nachher können wir uns auf die Kindheitsbilder von jeweils einem Gruppenmitglied konzentrieren und unsere Eindrücke mitteilen. Und anschließend kann der Betreffende selbst dazu Stellung nehmen, was die anderen aus dem Bild herausgelesen haben und auf welche Gedanken ihn die Beschäftigung mit seinen Familienfotos bringt.

Kurzbiographie

Ziele

Was wir aus unserem Leben machen, hängt von vielen verschiedenen Dingen ab. Wir müssen akzeptieren, was unsere genetische Ausstattung und das Schicksal uns bescheren, aber wir sind relativ frei in der Art und Weise, wie wir uns selbst und unser Leben beurteilen und interpretieren. Und diese reizvolle Aktivität kann die Teilnehmer ermutigen, das eigene Leben in der einen oder anderen Hinsicht aus einer neuen Perspektive zu betrachten. Außerdem kann es dazu beitragen, daß die Gruppenmitglieder ein Gefühl dafür entwickeln, daß gerade in den Widrigkeiten des Schicksals die Keime für wertvolle und bedeutende Entwicklungen liegen können.

Die von den Teilnehmern verfaßten Kurzbiographien geben sowohl Anregung als auch die nötige Sicherheit, um über wichtige Aspekte des Lebens ins Gespräch zu kommen.

Sie benötigen für jeden Teilnehmer Papier und Bleistift.

Anleitung

Wir können für uns selbst viel lernen, wenn wir ab und zu hören oder sehen können, wie andere mit den Herausforderungen des Lebens zurechtgekommen sind.

Darum möchte ich euch heute vorschlagen, daß ihr eine wirklich kurze biographische Skizze eures Lebens aufschreibt, nicht länger als eine Seite. Erwähnt das, was in euren Augen wesentlich ist, und geht davon aus, daß eure Texte nachher der ganzen Gruppe vorgetragen werden sollen. Laßt euch für diese Aufgabe 10 Minuten Zeit...

Ich werde gleich eure Kurzbiographien einsammeln und sie nacheinander vorlesen. Und wir können sie dann einzeln durchsprechen und dabei folgende Gesichtspunkte im Auge haben:

- Wie hat das betreffende Gruppenmitglied seine Lebensgeschichte in diesem begrenzten Rahmen organisiert?
- Gibt es ein Hauptthema oder Leitmotiv?
- Wie ist die Stimmung, die der Bericht ausstrahlt?
- Welchen Klang schlägt der erste Satz an?
- Welche wichtigen Personen werden erwähnt?
- Gibt es Wendepunkte im Gang der Ereignisse?
- Welches sind die wichtigsten Ressourcen des Verfassers?

Experiment 8

Geflügelte Worte

Ziele

In jeder Familie gibt es eine spezifische Wertekultur, die sich ausdrückt in oft benutzten Sprichwörtern, Maximen oder Warnungen. Oft haben die Eltern diese Dinge schon aus ihren Kindheitsfamilien mitgebracht und geben sie ganz automatisch an den eigenen Nachwuchs weiter. Da diese „Weisheiten" notgedrungen immer recht einseitig sind, ist es nicht ratsam, ihnen blindlings zu folgen. In diesem Experiment können die Gruppenmitglieder dieser „ererbten" Weisheit nachgehen, um Aufmerksamkeit und vielleicht auch etwas kritische Distanz zu entwickeln.

Sie benötigen Papier und Bleistift für jeden Teilnehmer.

Anleitung

In jeder Familie gibt es Traditionen, die jeder Generation nahelegen, was zu tun ist, damit das Leben einigermaßen zufriedenstellend und erfolgreich verläuft. Diese Traditionen werden auf ganz unterschiedliche Weise weitergegeben. Sehr wirksam ist ein gelebtes Vorbild: die jüngere Generation orientiert sich an dem, was sie bei Eltern, Großeltern etc. beobachten konnte. Ein anderes wichtiges Mittel, die „Weisheit" der „Vorfahren" zu den „Nachkommen" zu transportieren, sind jene kurzen Sprüche, die Warnungen, Aufforderungen, Verbote und Gebote beinhalten, wie z.B.: „Was werden die Leute denken?", „Paß gut auf dich auf!", „Hochmut kommt vor dem Fall.", „Glaubst du, daß das Geld auf der Straße liegt?", „Mutti ist dein bester Freund.", „Trau keinem Menschen!", „Das eine, was man will, das andere, was man muß."

In jeder Familie gibt es diese Redewendungen, die dazu dienen sollen, den Familienmitgliedern Einsicht und passendes Verhalten zu erleichtern. Und in der Regel gebraucht niemand diese Sprüche in böser Absicht, sondern sie werden benutzt, „damit die Kinder es einmal besser haben".

Für erwachsene Kinder ist es in jedem Falle praktisch, auf diese Botschaften aufmerksam zu werden. Wir bilden uns zwar ein, über sie zu lächeln, aber in Streßsituationen tun wir häufig das, was uns so oft nahegelegt wurde. Und in belastenden Situationen klammern wir uns allzu leicht an solche Strohhalme und vergessen, daß wir selbst schwimmen können.

Ich möchte, daß ihr ein paar Minuten die Augen schließt und euch solche Botschaften aus eurer Kindheitsfamilie einfallen laßt. Vielleicht fällt euch dabei auch ein, wer sie benutzt hat und bei welchen Gelegenheiten. Dann könnt ihr die Augen wieder öffnen und diese Worte aufschreiben. (5 – 10 Min.)

Nun möchte ich, daß einer nach dem anderen vorliest, was er aufgeschrieben hat. Wir können uns dann gemeinsam auf die Werthaltungen konzentrieren, die in einer Familie auf diese Weise weitergegeben wurden. Dabei können wir versuchen, die spezielle Atmosphäre zu entdecken, die das Leben in jeder Familie prägt.

Folgende Fragen können dabei wichtig sein:

Inwieweit passen die Aussprüche von Vater und Mutter zusammen? Wovor sollen die Kinder geschützt werden?

Welche Entwicklungen werden den Kindern womöglich erschwert? Welche Konsequenzen haben diese Werthaltungen für unsere Entwicklung heute?

Experiment 9

Die Familie malen

Ziele

Dies ist eine reizvolle, sehr anschauliche Aktivität, bei der die Gruppenmitglieder frische Einsichten in die Struktur der eigenen Kindheitsfamilie bekommen können und gleichzeitig Ähnlichkeiten und Unterschiede zu den Familien der anderen Gruppenmitglieder feststellen können.

Sie benötigen für jeden Teilnehmer ein Blatt Zeichenpapier im Format DIN A 3 oder größer sowie eine Schachtel mit Ölkreiden.

Anleitung

Ich möchte, daß jeder von euch gleich seine Kindheitsfamilie zeichnet und sich selbst dabei ebenfalls ins Bild bringt. Die Zeichnung kann die Familie bei irgendeiner gemeinsamen Aktivität zeigen, z.B. beim Essen oder beim Ausflug oder in irgendeiner anderen repräsentativen Situation. Schreibt bitte zu jeder Person, wer das ist. Also z.B. Vater, Mutter, Großmutter, Bruder Hans, Halbschwester Marie usw. Euch selbst bezeichnet ihr einfach als „Ich“. Laßt euch 10 Minuten Zeit, um diese Zeichnung anzufertigen, und signiert euer Bild nicht. (10 – 15 Min.)

Jetzt könnt ihr eure Bilder in der Gruppe herumwandern lassen. Wenn jemand ein Bild bekommt, dann läßt er es kurz auf sich wirken und schreibt in einem Satz seinen Eindruck auf die Rückseite des Blattes. Er kann z.B. ausdrücken, was ihm an der Familie als Gesamtheit auffällt, was ihm bei einer einzelnen Person auffällt, wie er die Gruppierung der einzelnen Personen empfindet, ihren Gesichtsausdruck usw. Jeder dieser Kommentare soll namentlich gekennzeichnet sein. Dann schaut ihr euch das nächste Bild an und schreibt wieder euren Eindruck in einem Satz auf die Rückseite, bis jeder alle fremden Bilder gesehen und kommentiert hat. Dann nimmt sich jeder wieder sein eigenes Bild vor und liest die Kommentare auf der Rückseite.

Anschließend können wir unsere Diskussion beginnen.

(Ermutigen Sie die Teilnehmer bei der Diskussion, die Verfasser der Statements zu fragen, was sie zu bestimmten Einschätzungen gebracht hat, und machen Sie die Gruppe darauf aufmerksam, daß sowohl vergessene Erinnerungen auftauchen können wie auch neue Erkenntnisse über die eigene Kindheitsfamilie, die mitzuteilen für alle wichtig sein kann.)

Experiment 10

Spiegelbild

Ziele

Dies ist ein reizvolles Experiment, das die Teilnehmer ins Gespräch bringt über Aspekte des Selbstkonzepts, innere Konflikte und über Wechselwirkung zwischen Selbstkonzept und den Beziehungen zu den Eltern.

Jeder Teilnehmer soll einen kleinen Taschenspiegel zu dieser Sitzung mitbringen.

Anleitung

Ich möchte euch heute dazu einladen, mit eurem Spiegelbild zu arbeiten. Die mitgebrachten Spiegel laßt bitte vorerst unbenutzt, so daß wir uns zunächst darüber unterhalten können, welche Erfahrungen ihr mit Spiegeln habt...

(Führen Sie die Diskussion auf der Linie folgender Fragen: Was geht dir durch den Sinn, wenn du heute in einen Spiegel schaust? Wie wurden Spiegel in deiner Kindheitsfamilie benutzt? Welche Rolle spielte das Aussehen der Familienmitglieder in deiner Kindheitsfamilie? Hast du jemals einen „fremd" anmutenden Teil deiner Persönlichkeit beim Blick in den Spiegel entdeckt? Gibt es eigene Gesichtszüge, die dich an deine Eltern erinnern? Wie ist deine Reaktion darauf?)

Jetzt laßt uns dazu übergehen, mit den mitgebrachten Spiegeln ein wenig zu experimentieren. Blickt in den Spiegel und deckt dabei die rechte Seite des Gesichtes mit der Hand ab. Laßt euch etwas Zeit, die linke Seite eures Gesichtes zu studieren, und schreibt dann auf, was ihr da bemerkt, welche Gesichtszüge, welcher Ausdruck euch besonders auffällt. (5 Min.)

(Lassen Sie jetzt die Teilnehmer ihre Beobachtungen und Gedanken mitteilen und diskutieren.)

Nun nehmt wieder den Spiegel vor und deckt diesmal die linke Seite des Gesichtes mit der Hand ab und konzentriert euch auf die rechte Gesichtshälfte. Es kann sein, daß ihr diesmal ganz andere Gesichtszüge oder einen anderen Gesichtsausdruck bemerkt. Schreibt dann wieder auf, was ihr diesmal feststellt.

(Bei anschließender Diskussion teilen die Mitglieder wiederum Eindruck und Gedanken mit und können der Frage nachgehen, ob die unterschiedlichen Aspekte der linken bzw. rechten Gesichtshälfte „nur" anatomische Unterschiede sind oder vielleicht Ausdruck unterschiedlicher Persönlichkeitsseiten und innerer Konflikte sind; sie können auch untersuchen, an welchen Elternteil jede Gesichtshälfte erinnert.)

Experiment 11

Assoziationen zum Namen

Ziele

Dies ist ein hübscher „Eisbrecher", der die Gruppenmitglieder rasch miteinander bekannt macht und ihnen hilft, die Namen zu lernen. Gleichzeitig weckt es die Neugier und führt die Teilnehmer ein in die spannende Welt der zwischenmenschlichen Dynamik.

Sie benötigen Papier und Bleistift für jeden Teilnehmer.

Anleitung

Ich möchte, daß wir alle möglichst rasch unsere Namen lernen. Und das können wir so machen: jeder, ich auch, wird seinen Vornamen nennen und der Gruppe eine kurze Schilderung geben von etwas, was ihm in seiner Kinderzeit besonders lieb war. – Das kann ein Mensch sein, ein Gegenstand, eine Aktivität, ein Platz, ein wiederkehrendes Ritual – was auch immer. Und ich möchte vorschlagen, daß die Person links neben mir beginnt und daß wir dann links herum durch den Kreis gehen, wenn sich jeder mit seinem Namen vorstellt und mit seiner Lieblingserinnerung...

Was habt ihr bemerkt bei diesem Rundgang?

Schreibt jetzt alle Vornamen auf, an die ihr euch erinnern könnt. (1 – 2 Min.)

Ich vermute, daß ihr unterschiedlich viele Namen aufgeschrieben habt. Das hängt nicht nur mit der Kapazität eures Gedächtnisses zusammen. Ich möchte jetzt, daß ihr nacheinander die drei ersten Namen vorlest, die ihr aufgeschrieben habt und daß ihr überlegt, ob diese Namen bzw. diese Personen irgendeine spezielle Bedeutung für euch haben. (In der Regel taucht der Name des Gruppenleiters bei einigen Teilnehmern auf, bei anderen nicht. Fragen Sie auch, was dabei möglicherweise zum Ausdruck kommt.)

Jetzt schließt die Augen und konzentriert euch auf euren eigenen

Namen. Wiederholt ihn im stillen ein paarmal, bis euch irgendein Bild, ein Gefühl, ein Gedanke oder eine Erinnerung in den Sinn kommt... (2 Min.)

Laßt uns nun hören, welche Assoziationen sich bei jedem eingestellt haben...

(Sie können damit schließen, daß sich jeder auf die Gruppenmitglieder konzentriert, deren Namen noch nicht gelernt werden konnten. Diese Gruppenmitglieder werden gebeten, ihren Namen mitzuteilen. Manchmal werden die Namen von Teilnehmern vergessen, die unangenehme Erinnerungen an Geschwister, Eltern etc. wachrufen.)

Experiment 12

Wer bin ich?

Ziele

In diesem Experiment können sich die Teilnehmer austauschen über wichtige Aspekte ihrer Identität.

Anleitung

Schließt bitte eure Augen und wartet ab, was euch als nächstes in den Sinn kommt, wenn ihr euch die Frage vorlegt: Wer bin ich?... (1 – 2 Min.)

(Lassen Sie in einer ersten Runde die Teilnehmer berichten und ihre Gedanken, Reaktionen austauschen.)

Jetzt schließt wiederum eure Augen und wartet ab, was euch diesmal als erstes einfällt, wenn ihr euch die Frage vorlegt: Wer sollte ich in den Augen meiner Eltern sein?... (1 – 2 Min.)

(Lassen Sie die Teilnehmer einzeln berichten und Reaktionen, Gedanken mitteilen. Natürlich wird jetzt schon die Spannung zwischen der eigenen Identität und den Wünschen der Eltern spürbar.)

Und in der dritten Runde könnt ihr wiederum die Augen schließen und euch diesmal die Frage vorlegen: Wer soll mein Kind sein? Welche Erwartungen habe ich selbst?

Bitte wartet alle ab, was euch dazu einfällt, auch diejenigen, die keine Kinder haben. (1 – 2 Min.)

(Lassen Sie die Teilnehmer wieder einzeln berichten und ihre Einfälle diskutieren. Das Gespräch kann sich dann vielleicht auf folgende Fragen konzentrieren: Wie kommt es, daß wir immer wieder verhältnismäßig statische Bilder von uns selbst bzw. von anderen entwickeln? Wie können wir unsere Bereitschaft stärken, uns von anderen und nicht zuletzt von uns selbst überraschen zu lassen? Welche Rolle spielt Vertrautes in unserem Leben, wie stellen wir uns auf das „Neue" ein?)

Miteinander bekannt werden

Ziele

In drei Runden haben die Teilnehmer Gelegenheit, etwas Interessantes über sich selbst mitzuteilen, die Selbstdarstellung der anderen zu beobachten und die eigenen Reaktionen auf den Prozeß zunehmender Intimität auszudrücken.

Anleitung

Ich möchte euch dazu einladen, den anderen Gruppenmitgliedern einen kleinen Einblick in eure Vorlieben und in eure Empfindlichkeiten zu geben.

Und dies ist die erste Runde: Denkt einen Augenblick darüber nach, welchen Menschen ihr am meisten bewundert und warum. Das kann jemand sein, den ihr von Angesicht zu Angesicht kennt, das kann jemand sein, der noch lebt oder schon tot ist, das kann aber auch eine Persönlichkeit sein, die ihr nie unmittelbar kennengelernt habt. Es kann eine Figur aus der Literatur sein, aus der Religionsgeschichte, aus der Mythologie. Wichtig ist allein, daß ihr dieser Person ein hohes Maß an Achtung zollt und sie sehr schätzt. Laßt euch ein bis zwei Minuten für die Antwort Zeit.

(In einer ersten Auswertungsrunde berichten die einzelnen Teilnehmer und klären ihre Beobachtungen und Eindrücke. In der zweiten Runde geht es etwas „objektiver" zu.)

Wählt irgend etwas aus eurem Besitz aus, was ihr bei euch habt und was euch persönlich wichtig ist. Prüft auch, ob ihr bereit seid, dieses Objekt nachher der Gruppe vorzustellen und Einblick zu geben in die persönliche Geschichte, die euch mit diesem Gegenstand verbindet. (1 – 2 Min.)

(Nacheinander soll jeder Teilnehmer seinen Gegenstand zeigen, und wenn er dazu bereit ist, ihn auch in der Gruppe herumgeben. Parallel dazu kann er über die Geschichte des Objektes sprechen und über seine gefühlsmäßige Bindung an diesen Gegenstand.)

In der dritten Runde können wir jeder etwas von unserer empfindlichen Seite zeigen. Jeder von uns hat seine persönliche Achillesferse oder wie Siegfried die ungepanzerte Stelle zwischen den Schulterblättern. Ich werde euch einen Satzanfang nennen, und ihr könnt ihn dann im stillen komplettieren. Dieser Satzanfang lautet: Nenne mich nie... (1 – 2 Min.)

(In dem anschließenden Rundgang teilt jeder mit, wie er den Satz ergänzt hat, welche Assoziationen sich dazu bei ihm einstellen.)

Nach diesen drei Runden könnt ihr jetzt noch einmal berichten, wie ihr euch in verschiedenen Situationen in dieser Gruppensitzung gefühlt habt.

- Wann habt ihr euch wohl gefühlt?
- Wann habt ihr euch unwohl gefühlt?
- Wann fühltet ihr euch angespannt und
- wann entspannt?
- Welchen anderen Gruppenmitgliedern fühlt ihr euch jetzt näher? Welche Gruppenmitglieder sind euch immer noch fremd oder vielleicht auch unheimlich?
- Wo, glaubt ihr, ist im Augenblick euer Platz in dieser Gruppe?

Experiment 14

Geld

Ziele

Unsere Beziehung zum Geld ist in vielen Fällen unklar und damit oft die Quelle von eigenen oder zwischenmenschlichen Schwierigkeiten. Wir benutzen dieses oft ausgeklammerte Thema hier, um die Teilnehmer auf eine überraschende Weise miteinander vertraut zu machen.

Anleitung

Unser Lebensweg und unsere Lebensziele sind mit vielen Dingen verknüpft und nicht zuletzt mit unserer inneren Einstellung zum Geld. Die meisten Menschen bilden sich ein, daß sie eine pragmatische Einstellung zum Geld haben, aber wenn man genauer hinsieht, können einem oft Zweifel kommen. Manchmal ignorieren wir die Wichtigkeit des Geldes, und manchmal übertreiben wir seine Bedeutung und entwickeln im Zusammenhang damit unangemessen starke Gefühle. Aber vielleicht können wir voneinander lernen, dem Geld die praktische Bedeutung zu geben, die es haben sollte. Laßt uns mit einem Gedankenexperiment beginnen. Stellt euch vor, daß ihr so viel Geld haben könntet, wie ihr möchtet, in einer schönen, runden Summe. Wieviel würdet ihr dann haben wollen? Laßt euch einen Augenblick Zeit, um über diese Summe nachzudenken. (1 – 2 Min.)

(Lassen Sie die Teilnehmer in einem Rundgang ihre Summen nennen und berichten, was sie sich davon versprechen, wie sie das Geld verwenden würden.)

In der nächsten Runde könnt ihr raten, wieviel Geld jeder Teilnehmer mit sich führt. Schreibt die Namen auf und die Beträge, die ihr vermutet. (5 Min.)

(Lassen Sie bei der anschließenden Auswertung jeweils einen Teilnehmer im Mittelpunkt stehen, dem alle übrigen ihre Vermutungen mitteilen können. Wichtig sind natürlich auch die Spekulationen, die zu den einzelnen Einschätzungen geführt haben. Anschließend gibt der Teilnehmer die tatsächliche Summe mitgeführten Geldes bekannt. Dann können die Reaktionen auf den Ausgang dieser Runde besprochen werden.)

Jetzt möchte ich, daß ihr ratet, wieviel Geld ich bei mir habe. Sagt mir nacheinander, welchen Betrag ihr vermutet und wie ihr dazu kommt.

(Geben Sie in der anschließenden Diskussion Einblick in Ihre eigene Einstellung zum Geld.)

In der letzten Runde möchte ich euch eine Frage vorlegen, die die Menschen seit langem bewegt, vor allem solche, die nicht die Erben eines ansehnlichen Vermögens sind: Gibt es irgendein Rezept, das uns helfen kann, in unserem Leben über genügend Geld zu verfügen? (1 – 2 Min.)

(Dies ist eine sehr schöne Gelegenheit, die Verbindung von Psychologie und Ökonomie zu beleuchten. Untersuchen Sie mit der Gruppe die Haltbarkeit und die Konsequenzen der verschiedenen Rezepte.)

Experiment 15

Plätze wechseln

Ziele

Hier benutzen wir eine scheinbare Äußerlichkeit, um die Teilnehmer über wichtige Aspekte der Gruppendynamik miteinander ins Gespräch zu bringen. Und das Experiment hat den weiteren Vorteil, daß es dazu beitragen kann, nicht nur die Flexibilität der Sitzordnung zu fördern.

Anleitung

Manche von euch setzen sich immer wieder an dieselbe Stelle, während andere sich mal hierhin, mal dorthin setzen. Wir können versuchen, diese unterschiedlichen Verhaltensmuster zu verstehen. Dazu möchte ich folgenden Vorschlag machen. Ihr könnt euch gleich auf irgendeinen anderen Platz setzen, der sich auf die eine oder andere Weise von eurem gegenwärtigen Platz unterscheiden soll. Ich werde mir auch einen neuen Platz suchen...

Was habt ihr beobachtet, als die Plätze gewechselt wurden, und was habt ihr empfunden?

Die anschließende Diskussion kann versuchen, Antworten auf folgende Fragen zu geben:
- Habe ich diese Veränderung begrüßt?
- Wollte ich neben einem speziellen Gruppenmitglied sitzen?
- War ich unentschlossen, wo ich mich hinsetzen wollte?
- Wie sieht der Raum aus meiner neuen Position aus?
- Was bedeutet der neue Platz des Leiters für mich?
- Wer hat daran gedacht, sich auf den Stuhl des Leiters zu setzen? Wer hat in Erwägung gezogen, sich anders hinzusetzen, z.B. auf den Boden?
- Welche Veränderungen in der Sitzordnung sind am größten? Gab es Konkurrenz um bestimmte Plätze?

– Wie verteilten sich vorher Männer und Frauen und wie jetzt? Gibt die Platzverteilung Hinweise auf Subgruppen in der Gesamtgruppe?

Jetzt kehrt auf euren alten Platz zurück...

Wie habt ihr diesen neuen Wechsel erlebt?

Hat jemand meine Aufforderung ignoriert und ist auf seinem Platz geblieben?

Was bringt euch überhaupt dazu, meinen Aufforderungen zu folgen? Wann würdet ihr mir „nein" sagen und auf welche Weise?

Welche Plätze suche ich mir in anderen Situationen außerhalb der Gruppe aus?

Früheste Kindheitserinnerung

Ziele

Dies ist eine interessante Möglichkeit, das eigene Leben oder das anderer Teilnehmer differenzierter und mit tieferem Verständnis zu betrachten.

Sie benötigen Papier und Bleistift für jeden Teilnehmer.

Anleitung

Geht in euren Kindheitserinnerungen zurück, soweit ihr könnt, Jahr um Jahr, und schreibt dann auf, was euch bei eurer frühesten Kindheitserinnerung einfällt. Manche werden sich an die Zeit erinnern, wo sie vielleicht drei Jahre alt waren, andere können sich vielleicht an ihr viertes Lebensjahr erinnern oder an ihr fünftes. Nehmt euch 10 Minuten Zeit dafür.

Nun dreht euer Blatt Papier um und schreibt auf die Rückseite eure Gedanken dazu auf. Enthalten unsere Notizen die Erinnerung an ein wichtiges Lebensthema? Welche Personen waren beteiligt? Sind die darin angeschlagenen Themen auch heute noch für euch wichtig? Wie ist die objektive Bedeutung der erinnerten Situation? Schreibt alles auf, was euch dazu einfällt. Nehmt euch wiederum 10 Minuten Zeit dafür.

Gebt mir jetzt bitte eure Aufzeichnungen. Ich werde dann die eine oder andere ganz zufällig herausgreifen und zunächst die Kindheitserinnerung selbst vorlesen, ohne eine Bemerkung über die Identität des Verfassers zu machen. Dann kann die Gruppe auf diese Kindheitserinnerung reagieren und ihre Gedanken und Empfindungen dazu mitteilen. Danach werde ich die Interpretation des Verfassers vorlesen und den Betreffenden einladen, auf die Kommentare aus der Gruppe zu reagieren.

(Stellen Sie möglichst viele Kindheitserinnerungen vor, so daß die Teilnehmer vielfältige Anregungen aus diesem interessanten Material entnehmen können.)

Experiment 17

Zehn Gebote

Ziele

Dieses Experiment kann eine angeregte Auseinandersetzung über die Grundsätze und Lebensregeln auslösen, mit denen jeder eine gewisse Ordnung in den eigenen Lebenslauf zu bringen versucht.

Sie benötigen für jeden Teilnehmer Papier und Bleistift.

Anleitung

Schreibt zunächst so viele der Zehn Gebote aus der Bibel auf, wie euch einfallen. Laßt euch dafür 5 Minuten Zeit.

Jetzt soll jeder die Gelegenheit haben, seine erinnerten Gebote mit dem Originaltext zu vergleichen, den ich gleich vorlesen werde... Achtet auf Stellen, wo ihr den Text geändert habt, wo ihr Dinge ausgelassen habt oder wo ihr die Reihenfolge der Gebote geändert habt...

(Diskutieren Sie diese Abweichung mit der Gruppe aus dem Blickwinkel der persönlichen Relevanz.)

In der zweiten Runde soll jeder die zehn Grundsätze aufschreiben, die er in seinem persönlichen Leben verwirklichen möchte. Schreibt sie auf ein zweites Blatt Papier und laßt euch diesmal wiederum zehn Minuten Zeit dafür.

Jetzt könnt ihr mir eure Aufzeichnungen mit den persönlichen Grundsätzen geben. Ich werde sie mir Blatt für Blatt vornehmen und einen Grundsatz nach dem anderen laut vorlesen. Und ich werde zu jedem Grundsatz meine persönliche Meinung mitteilen, und der Verfasser ist eingeladen, darüber mit mir zu diskutieren. Es kann z.B. sein, daß ein Grundsatz für den Verfasser persönlich sehr zweckmäßig, aber als Vorschrift für die Menschheit weniger geeignet ist.

(Nachdem Sie die Notizen eines Teilnehmers auf diese Weise durchgegangen sind, sollten die anderen Gelegenheit haben, ihre Meinung und

Beobachtung zu äußern. Das übergreifende Ziel ist es, auf der einen Seite die Notwendigkeit von verläßlichen Grundsätzen anzuerkennen und auf der anderen Seite die rigide Verabsolutierung einzelner Werte in Frage zu stellen.)

Zwei Botschaften

Ziele

Dieses reizvolle Experiment weckt die Neugier der Teilnehmer und gibt ihnen Gelegenheit, sich von dem eigenen Unbewußten überraschen zu lassen. Und gleichzeitig ist es eine schöne Möglichkeit, zu üben, sich mitzuteilen und die anderen Teilnehmer besser kennenzulernen.

Sie benötigen für jeden Teilnehmer ein Blatt Zeichenpapier im Format DIN A 3 und farbige Ölkreiden.

Anleitung

Ich möchte euch zu einem Spiel einladen, das euch vielleicht etwas an eure Träume erinnern wird. Wenn wir träumen, sind wir auch manchmal von den Bildern überrascht, die wir dort sehen, und dann versuchen wir, Schritt für Schritt die Botschaft des Traumes zu verstehen.

Setzt euch bequem hin und schließt die Augen. Achtet einen Moment auf euren Atem und stellt euch vor, daß ihr beim Einatmen die Luft überall in euren Körper schickt, bis in eure Arme und Hände, bis in eure Beine und Füße. Und beim Ausatmen könnt ihr euch ganz leer machen, um Platz zu schaffen für viel frische Luft. (1 – 2 Min.)

Jetzt könnt ihr euch vorstellen, daß vor euch eine schwach erleuchtete Leinwand ist, die langsam heller und heller wird. Und auf dieser Leinwand werden links und rechts gleich zwei Tiere auftauchen, die ihr zuerst vielleicht undeutlich seht. Aber mit der Zeit wird es für euch immer deutlicher, welches Tier in der linken Bildhälfte erscheint und welches in der rechten Bildhälfte zu sehen ist. Findet heraus, in welcher Stimmung die Tiere sind, wie alt sie sind und was sie gerade tun möchten. Und wenn ihr mehr über die Tiere herausgefunden habt, könnt ihr euch für jedes der Tiere ein oder zwei Adjektive einfallen lassen, die ihren Charakter beschreiben. Laßt euch dafür ein wenig Zeit. Dann bewahrt die Bilder gut in eurem Gedächtnis auf und öffnet wieder die Augen.

(Warten Sie ab, bis alle Teilnehmer die Augen geöffnet haben.)

Und nun möchte ich, daß ihr die beiden Tiere in irgendeiner Weise malt, im Stil einer Kinderzeichnung, im Stil eines Comics oder realistisch, ganz wie es euch einfällt. Und dann schreibt die Adjektive, die ihr gefunden habt, zu den Tieren. Laßt euch dafür 10 Minuten Zeit.

Nun kann jeder von euch, einer nach dem anderen, sein Bild der Gruppe zeigen, die Adjektive sagen und seine Vermutung darüber äußern, was jedes Tier ihm wohl zu sagen hat. Ihr könnt auch mitteilen, welche Empfindungen die Tiere auslösen und welche Assoziationen.

(Wenn jeder Teilnehmer sein Bild vorgestellt hat, können die Gruppenmitglieder einander Rückmeldung geben und Verbindungen zwischen den Bildern und ihrem persönlichen Erleben der „Künstler“ herstellen.)

Experiment 19

Familie spielen

Ziele

Die Teilnehmer können sich in Kleingruppen aufteilen und Familienrollen spielen. Jeder kann einen frischen Blick darauf werfen, wie kompliziert es ist, in einer Familie ein Problem zu lösen. Der fiktive Charakter des Problems schafft genügend Distanz, um mit einiger Leichtigkeit Erfahrungen zu machen und darüber zu sprechen.

Anleitung

In der Familie lernen wir die Grundformen sozialen Verhaltens. Wir lernen, liebevoll zu sein, wir lernen, uns zu streiten, wir lernen, uns einzuordnen, wir lernen, Verantwortung zu übernehmen, und wir lernen, auf welche Weise Probleme entstehen und wie sie gelöst werden können. All dieses Wissen über Familien könnt ihr gleich bei einem interessanten Spiel benutzen. Teilt euch bitte auf in Gruppen mit 5 bis 6 Personen. Ihr könnt euch dann im Raum verteilen und in einigem Abstand von den anderen Gruppen hinsetzen. Dann kann sich jeder von euch eine Familienrolle geben, z.B. Vater, Mutter, ältestes Kind, Großvater usw. Damit ihr in die Rolle hineinkommt, könnt ihr ein paar Minuten Kommunikation in der Familie betreiben. Ich werde dann herumgehen, um jeder Familie ein anderes Problem zu geben, das die Familie lösen soll.

(Finden Sie heraus, welche Rollen in der jeweiligen Familie vergeben wurden, und erfinden Sie häufig vorkommende Probleme mittlerer Schwierigkeit, z.B. ein Vater ist arbeitslos geworden, eine Mutter trinkt, eine Tochter ist magersüchtig, ein Bruder ist krankhafter Spieler. Lassen Sie die Familienteams 5 – 10 Minuten versuchen, einen Weg aus dem Problem heraus zu finden.)

Nun beendet bitte euer Spiel und kommt wieder im großen Kreis zusammen. Wir können darüber sprechen, was ihr dabei erlebt habt. Habt ihr das Problem lösen können? Wie verlief eure Kommunikation? Wie habt ihr euch dabei gefühlt? Welche Beobachtung habt ihr dabei machen können?...

(Ziel der Diskussion kann es sein, einen bewußten Blick auf Symptome und psychologische Wechselwirkungen in einer gestörten Familie zu werfen.)

Gruppe unterhält Gruppe

Ziele

Eine gute Gruppe ist in der Lage, eine optimistische Atmosphäre zu erzeugen, in der sich die einzelnen Gruppenmitglieder wohl fühlen können. Dazu gehört auch, daß bei allem Ernst der Gruppenziele die Teilnehmer Spaß haben und ihre Gesellschaft genießen können. Dieses Experiment stärkt die Bande in der Gruppe, ermutigt Kreativität und unterstreicht das Recht der Gruppe auf Vergnügen.

Anleitung

Arbeit und Vergnügen müssen im Leben miteinander abwechseln. Ich möchte euch zu einem Spiel einladen, das diesen Zusammenhang betont. Beginnt im Raum langsam herumzugehen und empfindet dabei den Raum, seine Atmosphäre und die Präsenz der anderen Gruppenmitglieder, wenn ihr an ihnen vorbeigeht. Im Vorübergehen könnt ihr Blickkontakt herstellen und euch überlegen, auf wen ihr neugierig seid. (2 – 3 Min.)

Wenn ihr wißt, wen ihr gern besser kennenlernen wollt, dann geht mit dieser Person zusammen durch den Raum und teilt irgend etwas von euch mit. (1 – 2 Min.)

Jetzt könnt ihr euch wieder umschauen und herausfinden, auf welches andere Paar ihr neugierig seid. Schließt euch diesem Paar an und geht zu viert herum und stellt Kontakt in eurem Quartett her. (1 – 2 Min.)

Und nun können die Quartette überlegen, mit welchem anderen Quartett sie sich zusammentun möchten. Wählt euch dann irgendeinen Platz im Raum aus und setzt euch dort zusammen hin. Nehmt euch ein paar Minuten Zeit, um in dieser Formation miteinander warm zu werden.

Nun möchte ich euch sagen, welche Aufgabe ich für euch ausgedacht habe. Überlegt gemeinsam irgendeine Möglichkeit, wie ihr nachher die ganz Gruppe etwas unterhalten könnt. Vielleicht wollt ihr mit allen ein

Spiel ausprobieren, eine Geschichte erfinden und vortragen, einen Sketch vorführen oder was auch immer.

Ihr habt dafür 10 Minuten Zeit.

(Gehen Sie von Gruppe zu Gruppe, um sich von den Ideen berichten zu lassen, und stimmen Sie die Vorbereitungszeit für alle Subgruppen ab. Dann sollen die Gruppen nacheinander ihre Ideen realisieren, und am Ende muß etwas Zeit sein für einen kurzen Austausch über das Spiel. Moderieren Sie den Prozeß mit leichter Hand und viel Freiheit für die einzelnen Teams, dann kann dies ein schöner Beitrag sein zur Entwicklung einer kohäsiven Gruppe.)

Experiment 21

Mini-Monologe

Ziele

Dies ist ein unterhaltsames Experiment, das die Gruppe näher zusammenführen kann. Gleichzeitig kann jeder üben, sich in eine andere Persönlichkeit zu versetzen und einzufühlen.

Anleitung

Jeder von uns möchte vermutlich von anderen verstanden werden, besonders von den Menschen, die uns wichtig sind. Ich glaube, jeder von uns ist so fair, daß er diese Bereitschaft zum Verständnis auch selbst praktizieren will.

Ich möchte euch zu einem Spiel einladen, wo diese Bereitschaft eine Rolle spielt.

Wählt euch irgendeine Persönlichkeit aus, die euch zur Zeit interessiert. Das kann jemand aus einem Theaterstück oder einem Roman sein, eine öffentliche oder historische Figur, jemand aus eurem persönlichen Umfeld oder jemand aus eurer Phantasie. Versetzt euch eine Weile in diese Person und ihre Gedankenwelt, in ihre Gefühlslage und in die Art und Weise, wie diese Person mit dem Leben fertig wird. Und bereitet dann einen Monolog dieser Person vor, den ihr für uns nachher 1 – 3 Minuten lang halten sollt. Ihr könnt dabei stehen oder sitzen oder euch in einer für die Person charakteristischen Weise bewegen. Beginnt dann den Monolog mit den Worten: „Mein Name ist... Ich bin..."

Laßt euch 10 Minuten Zeit, um euch auf diese Aufgabe vorzubereiten.

Wenn wir alle Monologe gehört haben, können wir unsere Beobachtung mitteilen, Fragen stellen und uns auch darüber austauschen, wie ihr vorgegangen seid, um euch mit dieser Person zu identifizieren.

Experiment 22

Sketch

Ziele

Hier konzentrieren sich die Teilnehmer auf eine Person, die ihnen gefühlsmäßig nahesteht, wie z.B. Vater, Mutter, Bruder, Schwester, Partner, Chef etc., unabhängig davon, ob die Beziehung erfreulich oder gespannt ist. Ihre Aufgabe ist es, diese Person den anderen Gruppenmitgliedern in einem kurzen humoristischen Sketch vorzustellen.

Anleitung

Wenn wir mit anderen auskommen wollen, dann ist es in der Regel hilfreich, wenn wir in der Lage sind, diese Person aufmerksam und möglichst bewußt wahrzunehmen. Wir sind dann viel besser in der Lage, kreative Lösungen für anstehende Probleme zu finden. Wählt euch irgendeine Person aus, die in eurem Leben im Augenblick wichtig ist. Macht euch klar, wie diese Person spricht, wie sie sich bewegt, wie sie steht, welche Gesten für sie charakteristisch sind, wie sie atmet und wie sie sich im Raum bewegt. Schreibt einen kurzen Sketch, der diese Person imitiert und für uns alle lebendig macht. Ihr sollt diese Person nachher 1 – 2 Minuten spielen, so daß die anderen einen möglichst plastischen Eindruck von diesem Menschen bekommen. Ihr habt 10 Minuten Zeit, um euch darauf vorzubereiten.

(Lassen Sie nachher Sketch auf Sketch vorspielen, eingeleitet durch einen kurzen Hinweis, wer gezeigt wird. Danach kann eine Diskussion geführt werden über die dabei gewonnenen Erfahrungen und Eindrücke.)

Experiment 23

Mein Platz

Ziele

Dies ist ein ganz einfacher Weg, um das Bewußtsein der Teilnehmer und ihre Sensivität zu schärfen.

Anleitung

Wenn wir Menschen verstehen wollen, dann müssen wir lernen, sie genau zu beobachten. Das gilt auch für uns selbst. Wie oft wissen wir nur ganz undeutlich, was wir eigentlich tun, wo wir sind, was wir beabsichtigen. Ich möchte euch zu einem Experiment einladen, bei dem jeder aus seiner alltäglichen Trance herauskommen und ganz aufmerksam werden kann. Richtet eure Aufmerksamkeit auf den Platz, wo ihr gerade sitzt. Wie fühlt es sich an, dort zu sitzen? Wer sitzt neben euch? Wer sitzt euch gegenüber? Was liegt im Raum hinter euch? Wie habt ihr diesen Platz gewählt? Ist das ein typischer Platz für euch? Welche Assoziationen, Erinnerungen kann dieser Platz auslösen? Laßt euch diese Dinge einen Augenblick durch den Kopf gehen. (1 – 2 Min.)

Und nun möchte ich euch einladen, daß jeder dem anderen mitteilt, was ihm zu seinem Platz in der Gruppe eingefallen ist.

Experiment 24

Einen Platz finden

Ziele

Wenn wir in Kontakt mit unserem Körper sind, dann haben wir in der Regel auch Zugang zu unseren Wünschen an unser „Territorium". Manchmal brauchen wir viel freien Raum um uns herum, oder wir brauchen den Blick aus dem Fenster. Manchmal fühlen wir uns vor allem in einer Nische geborgen oder wir haben Lust, uns im Zentrum, umgeben von anderen, aufzuhalten. Der Raum, der uns umgibt, ist nicht neutral, sondern er korrespondiert mit unseren wechselnden Stimmungen und Bedürfnissen. Dieses Spiel hilft den Gruppenmitgliedern, sich in dem Gruppenraum zu akklimatisieren und eine zuversichtliche und kreative Stimmung zu entwickeln.

Anleitung

Wenn man in einer Gruppe neu zusammengekommen ist, dann interessieren uns in erster Linie die neuen Menschen. Aber auch der neue Ort ist wichtig, er kann uns Sicherheit geben und Raum zur Entfaltung.

Ich möchte euch Gelegenheit geben, damit zu experimentieren.

Beginnt, langsam im Raum herumzuwandern. Haltet Ausschau nach einem Platz, der sich für euch gut anfühlt. Sucht euch einen Platz im Raum, wo ihr euch im Augenblick gerne aufhalten möchtet, und bleibt dort stehen. (1 – 2 Min.)

Erforscht diesen Platz jetzt, geht die Grenze dieses Platzes ab und bemerkt, was darin ist und was darum herum ist. Wie hören sich von diesem Platz die Geräusche an? Könnt ihr dort irgend etwas riechen? Was könnt ihr von dort aus sehen? Was ist in eurer Reichweite? (1 – 2 Min.)

Stellt euch in die Mitte eures Platzes und fühlt seine Grenzen mit den Händen. Euer Platz ist so hoch und weit, wie ihr mit ausgestreckten Armen und Händen andeuten könnt. Fühlt die imaginären Grenzen eures

Raumes ab, oben über euch, an den Seiten und auch ganz unten. Prüft auch mit den Füßen den Boden, wie er sich anfühlt und euch Halt gibt... (2 Min.)

Jetzt kennt ihr euren Platz, wie er im Augenblick zu eurer Stimmung paßt. Vielleicht würdet ihr das nächste Mal einen anderen Platz aufsuchen, der zu euch paßt. Im Augenblick könnt ihr diesen Platz benutzen, um euch etwas zu recken und zu strecken. Bemerkt auch, wozu euch dieser Platz inspiriert. (1 Min.) Und wenn ihr gleich langsam zu eurem Platz im Kreis zurückkehrt, könnt ihr bemerken, wie sich dieser Wechsel anfühlt.

Und nun, nachdem ihr alle zum Kreis zurückgekommen seid, können wir von jedem hören, welche Eindrücke und welche Stimmung er mitgebracht hat.

Experiment 25

Spiegeln

Ziele

Wenn wir uns wirklich auf einen anderen Menschen einstellen, dann ist das nicht nur ein intellektueller oder seelischer Vorgang, sondern wir benutzen dabei auch unseren Körper. In diesem Experiment werden die Teilnehmer in Paaren miteinander arbeiten und probieren, sich auf eine Person zu konzentrieren und eng mit ihr zu kooperieren.

Anleitung

Ich möchte euch zu einem Spiel einladen, bei dem ihr ein anderes Gruppenmitglied besser kennenlernen könnt. Sucht euch jemanden aus, auf den ihr neugierig seid... Setzt oder stellt euch so hin, daß ihr einander anschaut. Einer von euch wird gleich die Initiative ergreifen und sich ganz langsam bewegen. Und der andere kopiert ganz genau die Bewegungen, die der Partner macht. Laßt euch dafür fünf Minuten Zeit.

Jetzt wechselt bitte die Rollen. Das Gruppenmitglied, das bisher die Bewegung des Partners kopiert hat, wird jetzt die Initiative ergreifen und sich langsam bewegen, so daß der andere sich spiegeln kann. (5 Min.) Und jetzt könnt ihr probieren, euch wechselseitig zu spiegeln, ohne vorher festzulegen, wer die Initiative hat und wer folgt.

(Geben Sie den Paaren Gelegenheit, sich ein paar Minuten über ihre Kooperation auszutauschen. Anschließend kommt die ganz Gruppe zusammen und diskutiert ihre Erfahrungen: War es für mich leichter, zu führen oder zu folgen? Was habe ich dabei Neues über mich selbst und den Partner erfahren? Wie fühlt es sich für mich an, so langsam zu agieren? Kenne ich Gelegenheiten, bei denen ich ganz automatisch die Körperhaltung anderer übernehme etc?)

Gruppe als Netzwerk

Ziele

Dies ist eine klassische Struktur, die zu einer hohen Dichte in der Gruppenkommunikation führt. Das Experiment ist ein guter Mixer und gibt jedem Gelegenheit, persönliche Dinge auf eigene Weise mitzuteilen. Gleichzeitig können die Teilnehmer üben, mit ganz unterschiedlichen Gruppenmitgliedern Kontakt aufzunehmen.

Sie benötigen einen Kassettenrecorder und zur Gruppe passende instrumentale Musik (z.B. Franz Schubert: Impromptu B-dur, D953 Nr. 3).

Anleitung

Ich möchte allen Gelegenheit geben, sich auf interessante Weise zu unterhalten und zu vielen Gruppenmitgliedern Kontakt aufzunehmen. Bitte stellt euch in zwei konzentrischen Kreisen auf, so daß die Hälfte der Gruppenmitglieder nach innen schaut und die andere Hälfte nach außen. Jeder steht also einem Partner gegenüber. Ich werde gleich etwas Musik spielen, und dann können beide Kreise beginnen, herumzuwandern, so daß gegenläufige Bewegungen entstehen. Wenn ich die Musik stoppe, dann schaut den Partner an, bei dem ihr gelandet seid. Ich werde euch dann immer ein kleines Thema geben, über das ihr miteinander sprechen könnt. Findet heraus, wer zuerst spricht und wer sich als zweiter äußern soll. Sobald die Musik wieder spielt, sagt ihr dem Partner adieu und wandert wieder weiter in derselben Art und Weise wie vorher, bis ich die Musik wieder anhalte. (Lassen Sie die Musik jeweils eine halbe Minute lang spielen.)

Dies sind einige Themenvorschläge, die die Teilnehmer zu einer leichten, persönlichen Öffnung animieren können:

1. Etwas, das ich an mir selbst mag ist...
2. Etwas, das ich an mir selbst nicht mag ist...
3. Eine meiner größten Stärken ist...
4. Eine meiner Schwächen ist...
5. Etwas, was ich besonders gern tue ist...
6. Etwas, was ich schrecklich ungern tue ist...
7. Von allen Verwandten schätze ich besonders...
8. Von allen Verwandten vermeide ich vor allem...
9. Eine positive Botschaft, die ich in meiner Kindheit erhielt, ist...
10. Eine negative Botschaft, die ich in meiner Kindheit erhielt, ist...
11. Meine Lieblingsfarbe ist...
12. Meine Glückszahl ist...
13. Wer mich ganz gut kennt, nennt mich...
14. Am liebsten fahre ich in den Urlaub nach...
15. Die Geschichte, die ich als Kind am liebsten hörte, ist...
16. Am liebsten rieche ich...
17. Für einen Höhepunkt in meinem bisherigen Leben halte ich...
18. Was ich in Zukunft weniger tun will, ist...
19. Mein größter Wunsch ist zur Zeit...
20. Am besten komme ich aus mit Menschen, die...

Die Cocktailparty

Ziele

Über den Unterhaltungswert hinaus können die Teilnehmer differenzieren zwischen ihrer alltäglichen, sozialen Fassade und den weniger häufig ausgedrückten wirklichen Gefühlen und Gedanken.

Anleitung

Ich möchte euch zu einem Spiel einladen, genauer gesagt zu einer Cocktailparty. Überlegt einen Augenblick, welche Rolle ihr dort spielen wollt: Gast, Bedienung, Gastgeber. Wenn ihr diese grobe Wahl für euch getroffen habt, überlegt noch, wie ihr diese Rolle spielen wollt, welche Art Gast, Bedienung etc. ihr sein wollt, welche Lebensumstände ihr mitbringt und welchen Charakter ihr ausfüllen wollt.

Wenn ich das Signal zum Start gebe, fängt die Party an, und ihr könnt eure Rolle spielen, euch vorstellen, unterhalten und euch im Kreise der Gäste bewegen. Von Zeit zu Zeit werde ich die Party anhalten.

Jetzt beginnt die Party... (3 – 4 Min.)

Stop, und bleibt bitte dort stehen, wo ihr gerade seid. Jetzt kann jeder das tun und sagen, was der inneren Wirklichkeit der Person entspricht, die er verkörpert hat. Wer sich vorher Mühe gegeben hat, einen munteren Partylöwen zu spielen, der kann jetzt vielleicht sein Bedürfnis nach Ruhe und Rückzug ausdrücken; und das Mauerblümchen kann vielleicht seinen Wunsch formulieren, einigen dominierenden Partygästen kräftig die Meinung zu sagen. (2 – 3 Min.)

Und jetzt geht die Party wieder weiter. Laßt die Charaktere, die ihr verkörpert, wieder ihre soziale Fassade zeigen.

(Wechseln Sie ein paarmal zwischen der äußeren Party und dem inneren Erleben der Teilnehmer. Stoppen Sie die ganze Aktion zu einem geeigneten Moment und laden die Gruppe zu einer Auswertungsrunde ein.)

Gemeinsame Geschichte

Ziele

Dies kann die ganze Gruppe auf eine sehr angenehme Weise zusammenbringen und jedem Gelegenheit geben, etwas von sich und den eigenen verborgenen Schätzen mitzuteilen.

Anleitung

Es gibt so viele Möglichkeiten, einander kennenzulernen. Diesmal möchte ich euch zu einer gemeinsamen Aktivität einladen, bei der sich jene leise kreative innere Stimme äußern kann, die auf überraschende Gedanken kommt, die unternehmungslustig und sehr, sehr lebendig ist.

Setzt euch im Kreis zusammen, damit wir folgendes Spiel ausprobieren können: Einer von euch beginnt und sagt einen Satz. Und dieser Satz ist der Anfang einer Geschichte, zu der ein Gruppenmitglied nach dem anderen neue Elemente hinzufügt. Der linke Nachbar schließt nämlich daran an und wiederholt den ersten Satz und fügt dann einen zweiten, eigenen hinzu. Wiederum der linke Nachbar des zweiten Sprechers wiederholt, was zuvor gesagt wurde, und fügt der Geschichte einen dritten Satz hinzu. Und so entfaltet sich die Geschichte in der Wiederholung des schon Gesagten und dem Hinzufügen eines neuen Elementes. Bei der Wiederholung des schon Gesagten ist es auch interessant zu sehen, was der einzelne behalten hat und wie er es dann ausdrückt. Und vielleicht wird es eine Geschichte, die ein Ende findet, und vielleicht bleibt es auch eine offene Geschichte. Aber jeder kann diesen Vorgang genießen, gemeinsam mit den anderen etwas zu erzählen, in dem sich Bekanntes und Unbekanntes mischt.

(In manchen Gruppen kann es auch zweckmäßig sein, daß sich die Gruppe zuvor auf ein gemeinsames Thema einigt, das der „rote Faden" der Geschichte sein soll, wie z.B. Erwachsenwerden, einen Verlust verkraften, Eifersucht, leidenschaftliche Liebe, etwas Neues beginnen etc.

Am Ende sollte Zeit sein, daß die Gruppenmitglieder ihre Reaktionen auf dieses Experiment mitteilen können.)

Experiment 29

Kleine Öffnung

Ziele

Dieses Experiment führt die Gruppenmitglieder näher zueinander, ermutigt sie zu ein wenig Offenheit und hilft den Teilnehmern, vertrauensvoll zu kommunizieren.

Anleitung

Es kann ein großer Genuß sein, wenn wir jemanden finden, der uns wirklich zuhört, der neugierig ist auf uns. In der Regel werden wir dann ebenfalls neugierig auf diesen guten Zuhörer. Unter diesen Bedingungen kann eine Unterhaltung ganz mühelos und schön sein.

Ich möchte euch zu einem Experiment einladen, das zumindest den äußeren Rahmen für eine gute Kommunikation hergeben kann.

Schaut euch zunächst im Kreis um und bemerkt die Gruppenmitglieder, zu denen ihr eine gewisse innere Verbindung spürt. Bemerkt auch diejenigen Teilnehmer, die ihr gern besser kennenlernen möchtet... (1 Min.)

Nun steht bitte auf, geht langsam im Raum herum und entwickelt beim Gehen ein Gefühl für die Gruppe und schaut den anderen in die Augen, wenn ihr euch dabei gut fühlen könnt. (1 – 2 Min.)

Nun kommt mit einem anderen Teilnehmer zusammen, auf den ihr neugierig seid, und findet mit ihm einen Platz, wo ihr behaglich zusammensitzen könnt.

Ich möchte, daß ihr euch gleich ein wenig über euch erzählt. Wählt selbst aus, was jeder dem anderen von sich mitteilen möchte. (2 – 3 Min.)

Macht eine kurze Pause und bemerkt, wie ihr mit dem Partner zusammensitzt, wie eure Körperhaltung ist, wie eure Stimmen geklungen haben, wie die Atmosphäre des Gespräches sich entwickelte, und laßt noch einmal in euch nachklingen, was euch der Partner mitgeteilt hat... Jetzt wechselt bitte die Rollen und unterhaltet euch weiter, aber aus der Position des Partners. Ihr könnt an das anknüpfen, was gesagt wurde, und es probeweise weiterführen. Ihr könnt auch, um besser in die Rolle eures Partners hineinzukommen, das wiederholen, was schon gesagt wurde, um das Gespräch erst dann etwas weiter zu entwickeln. (2 – 3 Min.)

Stoppt wieder und setzt euer Gespräch in der ursprünglichen „normalen“ Form fort...

(Sie können diesen Wechsel noch ein paarmal vorschlagen, wenn Sie den Eindruck haben, daß ihre Teilnehmer genügend flexibel dafür sind.

Anschließend kann eine Auswertungsrunde im Plenum stattfinden, unter anderem anhand folgender Fragen:

Wann höre ich jemandem gern zu? Welche Themen glaube ich gut zu verstehen? Bei welchen Themen schalte ich eher ab? Kommuniziere ich selbst so, daß ich das Interesse anderer wecke? Wie kann man erreichen, daß andere zuhören, nicht zuhören etc.?

Wenn Sie genügend Zeit haben, ist es empfehlenswert, das Experiment in einer anderen Partnerkonfiguration zu wiederholen.)

Bunte Farben

Ziele

Dies ist ein sehr hübsches Experiment, das Neugier und Vitalität der Teilnehmer stimuliert. Stereotype Einschätzungen anderer Menschen können dabei ausgeblendet werden. Die Teilnehmer werden angeregt, differenziert über ihre Stimmung zu sprechen. Die Gruppe wird durcheinandergemixt, die Verbindung der Teilnehmer untereinander wird gestärkt und die Gruppe wird arbeitsfähiger.

Sie benötigen für jeden Teilnehmer ein kleines, weißes Kärtchen (4 x 6 cm), eine Sicherheitsnadel und für alle ein oder zwei Schachteln Ölkreiden mit fein abgestuften Farbnuancen.

Anleitung

Richtig zu sehen ist eine große Kunst, und wenn es uns gelingt, mit unseren Augen geeignete Bildausschnitte zu finden, dann kann das sehr spannend sein. Langeweile empfinden häufig Menschen, die noch nicht gelernt haben, ihre Augen kreativ zu benutzen.

Ich möchte euch daher zu einem Experiment einladen, das eine Herausforderung für eure Augen ist.

Nehmt euch eins der vorbereiteten Kärtchen und schaut euch die verschiedenen Farben der Ölkreiden an. Spürt einen Augenblick nach, welche Farbe am besten zu der Stimmung paßt, mit der ihr eben den Raum betreten habt. Und dann setzt diese Farbe so auf das Papier, daß sie ein farbiges Äquivalent für eure Stimmung ist. Ihr könnt die Farbe als Farbklecks auftragen, ihr könnt ihr aber auch irgendeine Form geben, wenn ihr euch damit passender ausdrücken könnt. (1 – 2 Min.)

Wenn ihr das gemacht habt, befestigt das Kärtchen mit der Sicherheitsnadel vorn auf eurer Kleidung und beginnt, im Raum herumzugehen. Wenn ihr andere trefft, schaut ihre Kärtchen an und bemerkt all die Signale aus ihrer Körpersphäre...

Am besten sprecht ihr jetzt noch nicht miteinander.

(Warten Sie ab, bis alle Gruppenmitglieder mit ihren Kärtchen im Raum herumwandern.)

Nun könnt ihr weiter herumwandern und miteinander ins Gespräch kommen. Ihr könnt herausfinden, welche Stimmung durch das farbige Kärtchen bezeichnet werden soll, und vielleicht könnt ihr langsam bemerken, wie viele verschiedene Stimmungen in die Gruppe mitgebracht wurden und daß jeder seine eigene Weise hat, ein Gefühl, eine Stimmung zu erleben... (5 – 10 Min.)

Nun möchte ich, daß ihr kleine Farbgruppen bildet mit Gruppenmitgliedern, deren Farben zu euren eigenen irgendwie passen. Setzt euch mit diesen Personen zusammen und tauscht euch aus über die mitgebrachte Stimmung und was ihr sonst damit assoziiert. (5 – 10 Min.)

Und nun kommt bitte wieder zurück zum großen Kreis. Vielleicht gibt es einige, die jetzt Lust haben, der ganzen Gruppe mitzuteilen, in welcher Stimmung sie hergekommen sind und wie sich ihre Stimmung jetzt entwickelt hat...

(Sie können überleiten zu einer anregenden Diskussion über Gefühle und Stimmungen, unter anderem anhand folgender Fragen:

Woran erkenne ich meine Stimmungen? Welche Gedanken und welche inneren Monologe sind mit ihnen gewöhnlich verbunden? Wie kann ich meine Gefühle ändern? Welche Gefühle sind mir besonders vertraut? Welche erlebe ich seltener? Welche Gefühle kann ich nicht so leicht identifizieren?)

Experiment 31

Improvisation

Ziele

In manchen Gruppen gibt es genügend Teilnehmer, die viel Erfahrung in der Kunst der Selbstdarstellung mitbringen. Wenn Sie also der Meinung sind, daß Sie an das theatralische Talent der Teilnehmer irgendwie anknüpfen können, dann ist dies ein sehr schönes, aktives und poetisches Spiel. Es hilft allen Gruppenmitgliedern, in der Gruppe wirklich präsent zu sein, den eigenen Körper einzusetzen und sich auf eine vergnügliche Weise besser kennenzulernen.

Anleitung

Es gibt so viele Arten, wie wir uns besser kennenlernen können. Wir können über uns sprechen, über Dinge, die wir lernen wollen, über Probleme, die wir haben, über unsere Gefühle und über unsere Hoffnungen. Heute möchte ich euch vor allem dazu auffordern, miteinander zu spielen, und zwar so:

Vor dieser Wand wird unsere Bühne sein (am besten markieren Sie mit Klebeband die Bühne in den Abmessungen 3 x 6 Meter).

Stellt euch nun alle auf der gegenüberliegenden Seite des Raumes auf. Wir können gleich beginnen, Bilder auf die Bühne zu stellen, die folgendermaßen zustande kommen: Ich werde immer einen von euch an der Schulter berühren. Das heißt, daß er auf die Bühne geht. Der erste, der ein Bild beginnt, nimmt irgendeine interessante Haltung ein und bleibt dann in dieser Haltung bewegungslos stehen, wie eine Statue. Der nächste, der die Bühne betritt, ergänzt dieses angefangene Bild, indem er ebenfalls eine Körperhaltung einnimmt, die zu der schon gezeigten Pose paßt. Und so wird das Bild langsam komplettiert, bis fünf von euch auf der Bühne sind. Und die Ergänzung des Bildes kann auf verschiedene Weise vorgenommen werden. Es kann eine harmonische Darstellung sein oder ein Bild mit großen Kontrasten und Spannungen. Wir anderen schauen zu und lassen unsere Phantasie durch das, was wir sehen, anregen.

(Lassen Sie nacheinander verschiedene Bilder auf die Bühne stellen, so daß jedes Gruppenmitglied einmal involviert ist. Manchmal ist es empfehlenswert, eine thematisch eingegrenzte Improvisation vorzuschlagen, so daß immer fünf Teilnehmer ein Bild zu einem Thema stellen, also z.B.: Kinder beim Spiel, beim Pferderennen, am Strand etc.

Nachdem alle Bilder gestellt sind, kommt die Gruppe wieder im Kreis zusammen, um das Experiment zu besprechen.)

Experiment 32

Impulse

Ziele

Dies ist ein sehr lebhaftes Spiel, das die Gruppe in Gang bringt, Verbindungen unter allen Teilnehmern schafft und die Phantasie anregt. Es paßt in alle denkbaren Gruppen und zu allen Situationen.

Anleitung

Jede Gruppe wird dann interessant, wenn sich alle gegenseitig anregen. Einmal ist es der Leiter, der die Gruppe animiert, einmal ist es der Teilnehmer A, ein anderes Mal der Teilnehmer B usw. Ich möchte euch zu einem sehr alten Spiel einladen, das diese simple Wahrheit auf sehr interessante Weise demonstriert. Verteilt euch bitte im Raum, so daß ihr mich sehen könnt, vor allem die Bewegungen, die ich gleich machen werde. Und dann sollt ihr eine Zeitlang mich kopieren und alles das nachmachen, was ich tue. Dann werde ich plötzlich stillstehen und jemanden von euch an der Schulter berühren. Dieses Gruppenmitglied wird dann der neue Animateur, und wir alle werden die Bewegungen imitieren, die dieses Gruppenmitglied erfindet. Und nach einer Zeit stoppt auch dieser Animateur und gibt sein Amt weiter an ein anderes Gruppenmitglied etc.

(Sie können auf ganz verschiedene Weise den Ball ins Rollen bringen und Bewegungen erfinden, indem Sie sich zunächst auf der Stelle bewegen und dann beginnen, sich auf interessante Weise durch den Raum zu bewegen. Genauso gut können Sie Personen oder Stimmungslagen verkörpern, die zu der Thematik der Gruppe passen.

Wenn Sie den Eindruck haben, daß die Gruppe richtig warm geworden ist, können Sie eine Auswertungsrunde starten.)

Experiment 33

Assoziieren

Ziele

Dieses Experiment regt die Teilnehmer an, sich auch bewußt vom Unbewußten führen zu lassen. Sie können neugierig werden auf die vielen Überraschungen, die das eigene Innere für sie bereithält, und sie können über die Bedingungen nachdenken, unter denen unser Unbewußtes mit unserem Bewußten kooperieren mag. Gerade für Gruppen mit intellektuell ausgerichteten Teilnehmern ist dies ein schönes, passendes Experiment.

Anleitung

Ich gehe davon aus, daß jeder von euch einen gewissen Respekt vor den Fähigkeiten des eigenen Geistes hat. Denselben Respekt verdient auch unser Unbewußtes, das nach anderen Regeln funktioniert als unser bewußtes Denken. Und die Kunst im Leben besteht darin, eine Kooperation zwischen diesen beiden Sphären zu ermöglichen, die sich zu unserem eigenen Besten immer wieder ergänzen. Im allgemeinen geben wir dem Unbewußten zu wenig Aufmerksamkeit. Darum möchte ich euch jetzt einladen, in einem interessanten Experiment die Akzente einmal anders zu setzen.

Legt Papier und Bleistift vor euch, damit ihr euch Notizen machen könnt. Und nun geht es los:

Laßt euch irgendeine zweistellige Zahl einfallen... Nun wiederholt diese zweistellige Zahl im stillen so oft, bis irgendein Bild, Wort oder Gefühl sich einstellt...

Nun konzentriert euch auf dieses Bild, Wort oder Gefühl, das euch eingefallen ist, und wartet ab, welches neue Bild, Wort oder Gefühl dadurch ausgelöst wird. Macht so weiter und wartet ab, wie euer Geist von Assoziation zu Assoziation weiterwandert. Und was immer euch einfällt, haltet es stichwortartig fest. Ihr habt dazu fünf Minuten Zeit.

Stoppt jetzt, so daß wir nacheinander berichten können, welche assoziative Kette jeder von euch gebildet hat.

(Eröffnen Sie dann eine breite Diskussion über folgende Fragen:

- Welche Assoziationen geben für mich einen erkennbaren Sinn, welche sind mir unverständlich?
- Sind wichtige Themen unter meinen Assoziationen?
- War ich an irgendeiner Stelle in diesem Prozeß blockiert?
- Wie kann es dazu kommen?
- Was ist der Zweck unserer spontanen Assoziation?
- Kenne ich dasselbe Phänomen aus dem Alltag?
- Wie benutze ich da meine spontanen Einfälle?
- Welche Assoziation hatte ich bisher im Blick auf andere Gruppenmitglieder? Im Blick auf den Leiter?)

Experiment 34

Telefonbilder

Ziele

Auch dies ist ein Experiment, das die Teilnehmer an die fruchtbare Grenze zwischen Bewußtem und Unbewußtem heranführt, um sie neugierig zu machen. Sie können üben, neue Perspektiven einzunehmen für das eigene Erleben und für die Art und Weise, wie sie andere betrachten.

Jeder Teilnehmer benötigt Papier und Bleistift.

Anleitung

Wenn wir telefonieren, dann malen wir dabei manchmal auf Notizzettel oder Briefumschläge. Auf die Ränder der Tageszeitung zeichnen wir seltsame Hieroglyphen, Linien und aparte Muster, die durch das Gespräch inspiriert werden. All das bildet dann einen indirekten Kommentar zu dem, was wir sagen oder nicht sagen, bzw. zu dem, was wir bei dem Gespräch empfinden. Und in der Regel beachten wir unsere kritzeligen Telefonbilder viel zu wenig. Vielleicht wird das anders nach dem Experiment, zu dem ich euch jetzt einlade.

Nehmt euch ein Blatt Papier und setzt eine Menge Punkte darauf, ganz beliebig. (1 Min.)

Nun verbindet beliebig viele dieser Punkte mit einer Linie, die sich nicht überschneiden soll. (1 Min.)

Jetzt schaut auf eure Zeichnung. Stellt euch vor, daß diese Figur ein Symbol ist im Zusammenhang mit eurer Kindheitsfamilie. Könnte sie ein Symbol für die Beziehung sein zu einem Elternteil? Könnte sie ein Symbol sein für ein wichtiges Ereignis in der Familie oder für die emotionale Atmosphäre des Familienlebens? Oder symbolisiert sie etwas anderes aus der Sphäre eurer alten Familie? Denkt einen Augenblick darüber nach.

(Lassen Sie die Teilnehmer berichten, die symbolische Assoziationen herstellen konnten...)

Nun möchte ich euch dazu einladen, das Experiment weiter fortzuführen. Schließt die Augen und denkt an eure Beziehung zur Mutter, wie ihr miteinander ausgekommen seid, welche Gefühle es zwischen euch gab. Was war der Kern eurer Beziehung zur Mutter...? Dann nehmt wieder das Papier und malt ein paar Linien, die spiegeln, wie diese Beziehung zur Mutter gestaltet war... (2 – 3 Min.)

Nun wiederholt dasselbe Experiment in bezug auf euren Vater. (2 – 3 Min.)

Und nun können diejenigen, die die Gruppe einbeziehen wollen, diese Kritzelbilder in der Gruppe zeigen, damit die anderen ihre Assoziationen und Eindrücke mitteilen können.

(Diese Vorgehensweise gibt dem Teilnehmer, der die Bilder gemalt hat, Gelegenheit, innerlich Abstand zu nehmen und seine eigenen Gedanken im Blick auf seine Bilder zu ordnen.

Und Sie können die Sitzung beschließen mit dem Hinweis, daß wir komplexe Sachverhalte oft durch einfache Zeichnungen oder sogar durch Kritzelbilder besser verstehen können, weil wir nämlich auf die Ressourcen der rechten Hemisphäre zurückgreifen.)

Experiment 35

Ähnlichkeiten

Ziele

Hier erhalten die Gruppenmitglieder Gelegenheit, über ihre gefühlsmäßige Beziehung zueinander nachzudenken auf dem Hintergrund ihrer emotionalen Verflechtungen ihrer Kindheitsfamilie.

Anleitung

Was wir von anderen Menschen zu erwarten haben, was sie uns ermöglichen und woran sie uns hindern, das lernen wir zuerst in unserer Kindheitsfamilie.

Ich möchte euch zu einem Experiment einladen, wo ihr diesem Zusammenhang nachgehen könnt.

Schaut euch in der ersten Runde in der Gruppe um und wählt den Teilnehmer aus, Mann oder Frau, der euch am meisten an eure Mutter erinnert. Sagt uns jetzt, der Reihe nach, auf wen eure Wahl gefallen ist, welche Gedanken, Erinnerungen und Gefühle damit verbunden sind.

(Wiederholen Sie diese Vorgehensweise für den Vater und für das wichtigste Geschwisterkind.

Ermuntern Sie die Teilnehmer, sich klarzumachen, wie sie als Kinder auf diese wichtigen Bezugspersonen reagiert haben und was sie jetzt, als Erwachsener, gegebenenfalls in Beziehungen anders machen möchten.)

Experiment 36

Geheime Botschaft

Ziele

Dies ist ein besonders poetisches Experiment, das in einer konstruktiven Weise linke und rechte Gehirnhälfte einbezieht. Die Teilnehmer können sich auf eine interessante Weise und in einem neuen Licht einander präsentieren.

Für jeden Teilnehmer benötigen Sie Papier und Bleistift.

Anleitung

Stellt euch vor, daß jeder von euch ein unbewußtes, aber weises Zentrum in sich hat, das viele gute Ideen für ihn bereithält. Ideen für die großen Fragen des Lebens und manchmal auch für die kleineren Probleme, die uns beschäftigen. Wie können wir mit diesem weisen Zentrum kommunizieren?

Ich möchte euch zu einem Experiment einladen, bei dem ihr vielleicht eine Botschaft von diesem weisen Zentrum erhalten könnt. Das geht so:

Nehmt euren Vornamen und probiert, ihn von rückwärts her auszusprechen... Das ergibt ein exotisch klingendes Wort.

Nun stellt euch vor, daß jeder Buchstabe dieses neuen Namens der Beginn eines Wortes ist und daß alle diese Worte nacheinander eine geheime Botschaft eures weisen Zentrums sind, die euch irgend etwas Wichtiges mitteilen, einen interessanten Hinweis, einen nützlichen Ratschlag.

Konzentriert euch ganz auf die einzelnen Buchstaben und die Assoziationen, die sich einstellen, und seht zu, ob ihr die Botschaft empfangen könnt.

Die Worte müssen nicht unmittelbar einen Sinn ergeben, den ihr sogleich verstehen könnt. Vielleicht erscheinen sie euch auch trivial oder kindisch. Und weil dies ein ungewöhnliches Experiment ist, könnt ihr jetzt gleich versuchen, einen ersten Anlauf zu machen. Ihr könnt die Augen schließen, um mit eurer Phantasie zu experimentieren. Ihr könnt auch mit geöffneten Augen mit den Buchstaben auf dem Papier experimentieren, wenn das besser paßt. Und vor allem könnt ihr euch vornehmen, dieses Experiment zu anderer Zeit und überhaupt häufiger zu wiederholen, weil ihr dann sehen könnt, daß euer weises Zentrum sich jedesmal anders äußert. Laßt euch jetzt 10 Minuten Zeit, um dieses kleine Orakel durchzuführen.

(Vielleicht müssen Sie etwas Zeit zugeben, damit jeder Teilnehmer zu einem Abschluß dieses Experimentes kommt. Danach hat in einem Rundgang jeder Gelegenheit, den Satz seines weisen Zentrums vorzustellen und seine Gedanken und Empfindungen dazu. Anschließend kann die Gruppe ihre Reaktionen darauf mitteilen. Es sollte außerdem noch Gelegenheit sein, über die Erfahrungen der Teilnehmer mit solchen „Stimmen" ihres Inneren zu sprechen.)

Flamme

Ziele

Wenn Sie den Eindruck haben, daß Ihre Teilnehmer aufrichtig daran interessiert sind, etwas Licht in einige der dunkleren „Winkel“ ihres Lebens zu bekommen, dann ist dies ein sehr schönes Gruppenexperiment, das dem einzelnen etwas Optimismus und der Gruppe das Gefühl der Zusammengehörigkeit geben kann.

Sie benötigen für jeden Teilnehmer eine Schachtel Streichhölzer. Und wenn Sie dieses Gruppenexperiment am Abend erproben, dann sollten Sie die Beleuchtung des Raumes etwas zurücknehmen.

Anleitung

Immer wieder kommen wir im Leben in Situationen, wo wir uns fragen: „Welchen Weg soll ich einschlagen?“ Oder wir haben den Eindruck, daß wir in Problemen stecken, deren Zusammenhänge uns unklar sind, und wir wünschen uns, die entscheidenden Dinge klarer sehen zu können. In all solchen Situationen kann es weise sein, wenn wir uns von Zeit zu Zeit etwas Ruhe gönnen, um mit unserem dritten Auge zu sehen oder mit unserem dritten Ohr zu hören, das heißt also, um unsere angeborene Intuition zu benutzen. Bei jedem von uns funktioniert die Intuition etwas anders. Der eine wird vielleicht besonders inspiriert, wenn er durch die Natur geht, ein anderer zieht seine Inspiration aus der Musik, der Nächste bekommt seine Einfälle beim Malen usw.

Ich möchte euch zu einem Experiment einladen, das einen dieser vielen Wege benutzt, anders zu hören, anders zu sehen. Für jeden von euch habe ich eine Schachtel Streichhölzer mitgebracht, die ihr im Verlauf des Experiments benötigen werdet. Haltet sie bereit und schließt dann die Augen. Setzt euch bequem hin, achtet eine Weile auf euren Atem und gebt ihm Gelegenheit, einen Rhythmus zu finden, der im Augenblick passend ist. (1 Min.)

Und jetzt denkt an die Schachtel mit Streichhölzern, die ihr bei euch habt. Nehmt in der Phantasie ein Streichholz heraus und entzündet es. Bemerkt, wie die Flamme nach jener kleinen Explosion zu Beginn anfängt zu brennen, mal etwas größer, mal etwas kleiner, ganz lebendig. Während ihr die Flamme beobachtet, hört euch selbst einen Satz zu der Flamme sagen, und ihr könnt diesen Satz ganz spontan aus euch herauskommen lassen. Und sobald ihr diesen Satz gesagt habt, blast in der Phantasie das Streichholz aus, lehnt euch zurück und achtet wieder auf euren Atem. (1 – 2 Min.)

Nun öffnet die Augen und nehmt ein richtiges Streichholz aus der Schachtel. Ich werde euch gleich auffordern, dieses Streichholz anzuzünden und die Flamme anzuschauen und dabei die Antwort der Flamme zu hören auf jenen Satz, den ihr zuvor zu der Flamme gesagt hattet. Es wird ein kurzer Satz sein, den die Flamme ganz mühelos zu euch sagt. Wenn ihr den Satz gehört habt, dann blast das Streichholz aus und schließt die Augen wieder. Laßt den Satz der Flamme in euch nachklingen und denkt ein wenig darüber nach. Und nun entzündet das Streichholz und öffnet euch für die Botschaft der Flamme. (1 – 2 Min.)

Versucht, die Augen geschlossen, mit diesem Satz auf verschiedene Weise zu experimentieren, um herauszufinden, wohin er in eurem gegenwärtigen Leben paßt. Worauf macht euch dieser Satz aufmerksam? Welche Gefühle weckt er in euch? (2 – 3 Min.)

Und immer noch mit geschlossenen Augen möchte ich euch zu einem weiteren, inneren Schritt einladen. Beobachtet, was geschieht, wenn wir gleich dreimal alle zusammen folgenden Satz sagen: „Wir sind, wir sind, wir sind die Flamme." Laßt uns den Satz das erste Mal gemeinsam flüstern... Jetzt laßt uns den Satz ein zweites Mal sagen und etwas lauter werden... Und jetzt sagen wir alle gemeinsam diesen Satz mit fester Stimme. Und nun gebt euch noch ein paar Minuten Zeit, über eure Erlebnisse mit der Flamme zu meditieren. (2 – 3 Min.)

Und nun werde ich langsam von fünf ausgehend rückwärts zählen, und wenn ich bei eins angekommen bin, dann könnt ihr die Augen wieder öffnen und mit eurer Aufmerksamkeit hierher zurückkommen, erfrischt und wach. 5, 4, 3, 2, 1!

Experiment 38

Geschenke

Ziele

Diese Aktivität müssen Sie in der vorausgehenden Sitzungen ankündigen. Sie gibt den Gruppenmitgliedern Gelegenheit, über ihre innere Einstellung zueinander nachzudenken und vor allem über ihre Bereitschaft, auch die Interessen der anderen im Auge zu haben.

Anleitung

Mancher von uns hat es leichter, andere zu beschenken, als sich selbst etwas zu wünschen oder sich beschenken zu lassen. Vielleicht gibt es auch einige unter uns, bei denen es umgekehrt ist, die die Schwierigkeit haben, Wünsche anderer zu verstehen und darauf einzugehen. Eine gute Balance zwischen der Bereitschaft zu schenken und der Bereitschaft, sich beschenken zu lassen, ist natürlich sehr angenehm und nicht immer leicht zu erreichen. Und vielleicht hat mancher auch schon darüber nachgedacht, wie seine innere Bilanz hier in der Gruppe aussieht, ob das, was er von anderen bekommt, seinen eigenen Wünschen entspricht, ob er so viel gibt, wie er eigentlich geben möchte, usw.

Ich möchte euch zu einem Experiment einladen, wo ihr diesen Zusammenhängen nachspüren könnt. Schreibt euren Namen auf ein Stück Papier, faltet es zusammen und legt es dann in diese Schachtel... Nun zieht irgendeinen Namen und vergewissert euch, daß es nicht der eigene ist. Ich möchte, daß jeder zur nächsten Sitzung ein kleines Geschenk mitbringt für die Person, deren Namen er gezogen hat. Ihr sollt dieses Geschenk selbst anfertigen und es passend gestalten für die Persönlichkeit des Empfängers. Denkt auch daran, daß ihr dem Geschenk ein paar Zeilen hinzufügt und daß ihr es passend eingewickelt mitbringt. Wir werden die Geschenke dann in der kommenden Sitzung den anderen übergeben.

(Beginnen Sie die nächste Sitzung, nach einer kurzen Einleitung, mit dem Austausch der Geschenke, so daß immer ein Geschenk nach dem anderen übergeben und ausgewickelt wird. Es ist wichtig, daß die ganze Gruppe sich auf diese Aktion zwischen dem Schenkenden und dem Beschenkten konzentriert. Anschließend können ausführlich die Erfahrungen der Gruppenmitglieder besprochen werden, im Blick auf die Person, deren Namen jeder zufällig gezogen hat, im Blick auf die Anfertigung des Geschenkes und im Blick auf das Geschenk, das jeder bekommen hat. Dann kann die Diskussion ausgeweitet werden auf wichtige Erlebnisse, die jeder in seinem Leben mit erhaltenen und nicht erhaltenen, gemachten und zurückgehaltenen Geschenken machen konnte; in der Kinderzeit, als Jugendlicher und als Erwachsener.)

Experiment 39

Meine Gegenwart

Ziele

Dies ist ein sehr handgreifliches und anschauliches Experiment, das jedem Teilnehmer die Möglichkeit gibt, sein aktuelles Lebensgefühl auszudrücken. Sie benötigen für jeden Teilnehmer ein kurzes Stück Blumendraht in einer Länge von ungefähr 50 cm.

Anleitung

Jeder von uns hat sein ganz persönliches Schicksal, und vor allem ist jeder dafür verantwortlich, wie es mit ihm weitergeht. Niemand wird jemals so gut für uns sorgen wie wir selbst, und das Beste, was wir von anderen erwarten können, ist Verständnis und manchmal auch Solidarität. Was wir hier einander geben können, ist vor allem Verständnis und wechselseitige Ermutigung und manchmal gemeinsamer Spaß.

Ich möchte euch zu einem Experiment einladen, das das Verständnis füreinander vertiefen kann; vor allem das Verständnis für die Art und Weise, wie jeder die aktuelle Situation seines Lebens empfindet. Und die aktuelle Situation ist ein Abschnitt des Lebens, der von jedem unterschiedlich definiert wird. Es kann sein, daß wir damit die Zeitspanne meinen, die vor einem halben Jahr begonnen hat, es kann auch sein, daß wir einen Abschnitt unseres Lebens im Auge haben, der schon vor einem oder vor zwei Jahren begonnen hat. Und um den anderen einen möglichst plastischen Eindruck geben zu können, sollt ihr gleich jeder ein kurzes Stück Draht nehmen, das ich euch mitgebracht habe, und daraus die Höhen und Tiefen und die ganze Richtung eures gegenwärtigen Lebensabschnittes nachformen. Ihr könnt diesem Stück Draht jede beliebige Form geben, ihr könnt auch andeuten, wie euer Leben vorher war und wie es weitergehen wird. Laßt euch ein paar Minuten Zeit, mit dem Draht zu experimentieren und ihn zu formen.

(Anschließend kann jeder Teilnehmer seine „Drahtplastik" der Gruppe zeigen und erläutern. Danach können Ähnlichkeiten und Unterschiede herausgearbeitet werden in den objektiven Lebensdaten und in der inneren Einstellung der Teilnehmer dazu.)

Wichtige Mitteilungen

Ziele

Dieses Experiment hat eine sehr schöne Struktur. Die Lebensgeschichte des einzelnen wird ebenso betont wie die Beziehungen der Gruppenmitglieder untereinander. Sie benötigen für jedes Gruppenmitglied zwei Karteikärtchen im Format DIN A 6 und etwas zum Schreiben.

Anleitung

Niemand von uns hat wohl Eltern, mit denen er ganz zufrieden ist. Jeder, der selbst Kinder hat, kann sich leicht ausrechnen, daß auch die eigenen Kinder in manchen Punkten unzufrieden und kritisch Vater und Mutter gegenüberstehen. Und oft konzentrieren sich die Klagen auf den Bereich der Kommunikation zwischen den Generationen.

Zum Glück können wir hier das eine oder andere nachholen. In diese Richtung zielt das Experiment, zu dem ich euch einladen möchte. Setzt euch bequem hin und schließt die Augen. Denkt zurück an die Art und Weise, wie die Eltern mit euch gesprochen haben und worüber sie geschwiegen haben... (1 Min.)

Und laßt euch nun einen Satz einfallen, den ihr in eurer Kindheit gern von euren Eltern gehört hättet, vielleicht vom Vater, vielleicht von der Mutter, vielleicht von beiden. Es muß nicht so sein, daß ihr in eurer Phantasie erlebt, wie die Eltern diesen Satz sagen, es reicht aus, wenn ihr den Satz so hört, mit genau den Worten, die für euch so wichtig waren... Laßt euch dafür ein wenig Zeit. Wenn ihr den Satz gefunden habt, könnt ihr ihn im stillen selbst ein paarmal sagen und bemerken, wie ihr körperlich auf diese Worte reagiert. (1 – 2 Min.)

Nun konzentriert euch darauf, wie ihr selbst mit euren Eltern gesprochen habt, was ihr ihnen gesagt und nicht gesagt habt. Laßt euch irgendeinen Satz einfallen, den ihr als Kind den Eltern zu sagen nicht gewagt habt. Und vielleicht konntet ihr diesen Satz damals gar nicht klar formulieren, vielleicht wolltet ihr Rücksicht nehmen, und vielleicht hattet ihr Angst, mißverstanden zu werden. Laßt euch diesen einen wichtigen Satz einfallen und sagt ihn ebenfalls ein paarmal im stillen vor euch hin und seid euch bewußt, wo dieser Satz in eurem Körper Resonanz findet... (1 – 2 Min.)

Nun behaltet beide Sätze im Gedächtnis und öffnet die Augen. Nehmt euch zwei Kärtchen und schreibt jeden Satz auf ein Kärtchen, das ihr oben mit eurem Namen gekennzeichnet habt.

Nun kann jeder von euch ohne weiteren Kommentar vorlesen, was er aufgeschrieben hat. (In einem Rundgang liest jeder seiner beiden Sätze vor.)

Die Sätze, die jeder von euch eben aufgeschrieben hat, haben vielleicht nicht nur für euch selbst Bedeutung. Vielleicht passen sie auch zu anderen in der Gruppe. Nehmt zuerst das Kärtchen mit dem Satz, den ihr gern von den Eltern gehört hättet, und überlegt, wer sonst außer euch selbst in der Gruppe davon am besten Gebrauch machen könnte. Überlegt das eine Weile, und wenn ihr euch klargeworden seid, gebt dem betreffenden Gruppenmitglied dieses Kärtchen. (Warten Sie, bis jeder sein Kärtchen abgegeben hat.)

Nun nehmt das andere Kärtchen mit dem Satz, den ihr selbst den Eltern gern gesagt hättet, und überlegt wieder, wer davon außer euch selbst am besten Gebrauch machen könnte. Dann gebt dieses Kärtchen dem Betreffenden...

Jetzt laßt die Kärtchen, die ihr bekommen habt, auf euch wirken und prüft nach, inwiefern sie euch eine interessante Mitteilung machen. Fühlt ihr euch von den Teilnehmern verstanden, die euch bedacht haben? Und wenn ihr keine Kärtchen bekommen habt, dann könnt ihr auch darüber nachdenken, wie ihr diesen Umstand interpretiert.

(Anschließend können die Teilnehmer ihre Reaktionen mitteilen, was dieser Austausch der Kärtchen bei ihnen bewirkt hat.)

Shorr: ***Psychoimagination***

English: ***Transaktionsanalyse.*** *Gefühle und Ersatzgefühle in Beziehungen*

Leveton: ***Mut zum Psychodrama***

Woisin: ***Integrität und Erinnerung.***
Kreative Arbeit mit älteren Menschen, Teil 1 und 2
(1) Entspannung / Massage / Erinnern und Verstehen / Schattenseiten des Alters und Verluste / Integrität und die Suche nach Sinn / Gesundheit und Heilung (2) Atmen / Bewegung / Vergnügen und Stimulation / Himmel auf Erden: Liebe / Freunde und Altersgenossen / Unsere Verbindung mit der Natur / Zeit und Zukunft / Tod und die Hieroglyphen des Sterbens

Psychologische Wegweiser

Halpern: ***Festhalten oder Loslassen.*** *Wie Eltern zu ihren erwachsenen Kindern eine bessere Beziehung herstellen können*

Halpern: ***Abschied von den Eltern.*** *Eine Anleitung für Erwachsene, die Beziehung zu den Eltern zu normalisieren*

Halpern: ***Liebe und Abhängigkeit.*** *Wie wir übergroße Abhängigkeit in einer Beziehung beenden können*

Vopel/Vopel: ***Ich und Du.*** *Ein Kommunikationstraining für Partner*

Brett: ***Anna zähmt die Monster.*** *Therapeutische Geschichten für Kinder*

Damm: ***Zu neuen Ufern.*** *Trennung und Scheidung bewältigen* (Audiokassette mit Begleitbuch)

Klippstein: ***Ich habe mich.*** *Alleinsein können* (Audiokassette mit Begleitbuch)

Klippstein: ***Traumarbeit in Trance.*** *Die Kunst, Angstträume zu verwandeln* (Audiokassette mit Begleitbuch)

Keleman: ***Lebe dein Sterben***

Koch: ***Schatten auf der Sonnenuhr.*** *Eine Vorbereitung auf das Sterben* (Audiokassette mit Begleitbuch)

Klippstein: ***Mein Körper ist klüger 1 + 2:***
1. Progressive Muskelentspannung nach Jacobson mit hypnotherapeutischen Induktionen;
2. Vegetative Entspannung – Autogenes Training mit hypnotherapeutischen Induktionen (Je 5 Audiokassetten mit Begleitbuch)

Weitere Audiokassetten jeweils mit Begleitbuch:

Künkel: ***Ich bin in meinem Mond.*** *Menstruationsschmerzen lösen*

von der Werth: ***Atemlust.*** *Richtig atmen löst Probleme*

Steppacher-Ray: ***Lieber leichter, fit und frisch!*** *Psychologische Appetitzügler*

Ruck: ***Mein Körper - mein Haus.*** *Operationsschmerzen lindern*

Klippstein: ***Stop!*** *Spannungs-Kopfschmerzen lösen*

Strässer-Strobel: ***Zaubermantel.*** *Neurodermitis lindern*

NEUE THERAPIE

Rosen (Hg.): ***Die Lehrgeschichten von Milton H. Erickson***

Erickson: ***Der richtige Therapeut.*** *Eine Auswahl aus den Lehrgeschichten von Milton H. Erickson* (Audiokassette)

Hoffman: ***Grundlagen der Familientherapie.*** *Konzepte für die Entwicklung von Systemen*

Haley: ***Ordeal Therapie.*** *Ungewöhnliche Wege der Verhaltensänderung*

Madanes: ***Hinter dem Einwegspiegel.*** *Fortschritte in der strategischen Therapie*

O'Hanlon: ***Eckpfeiler.*** *Grundlegende Prinzipien der Psychotherapie und Hypnose Milton H. Ericksons*

Gordon/Meyers-Anderson: ***Phoenix.*** *Therapeutische Strategien von Milton H. Erickson*

Keeney: ***Ästhetik des Wandels***

iskopress, Klaus W. Vopel
Postfach 1263; 21373 Salzhausen
Tel.: 04172/7653; Fax: 04172/6355